Você, eu, todos nós

Direitos Humanos e um futuro comum

ISABEL LORCH ROTH

Você, eu, todos nós

Direitos Humanos e um futuro comum

Editora do Brasil

TEXTO
© Isabel Lorch Roth

DIREÇÃO-GERAL
Vicente Tortamano Avanso

DIREÇÃO EDITORIAL
Felipe Ramos Poletti
GERÊNCIA EDITORIAL
Gilsandro Vieira Sales
GERÊNCIA EDITORIAL DE PRODUÇÃO E DESIGN
Ulisses Pires

COORDENAÇÃO EDITORIAL
Maria Helena Webster
LEITURA CRÍTICA
Caio César
Joel Luiz Costa
Pâmela Guimarães-Silva

EDIÇÃO
Aline Sá Martins
Paulo Fuzinelli
Suria Scapin
APOIO EDITORIAL
Lorrane Fortunato
Maria Carolina Rodrigues
SUPERVISÃO DE DESIGN
Dea Melo
DESIGN GRÁFICO
Talita Lima
EDIÇÃO DE ARTE
Diego Lima
EDITORAÇÃO ELETRÔNICA
Estúdio Claraboia
Estúdio Anexo
SUPERVISÃO DE REVISÃO
Elaine Silva

REVISÃO
Andréia Andrade
Júlia Castello Branco
SUPERVISÃO DE ICONOGRAFIA
Leo Burgos
PESQUISA ICONOGRÁFICA
Selma Nagano
SUPERVISÃO DE DIREITOS AUTORAIS
Marilisa Bortolone Mendes
LICENCIAMENTO DE TEXTOS
Cinthya Utiyama
Jennifer Xavier
Paula Harue Tozaki Renata Garbellini
SUPERVISÃO DE CONTROLE
DE PROCESSOS EDITORIAIS
Roseli Said

IMPRESSÃO
1ª edição / 3ª impressão, 2024
Lar Anália Franco (Grafilar Centro Profissionalizante Gráfica e Edit

Dados Internacionais de Catalogação na Publicação (CIP)
(Câmara Brasileira do Livro, SP, Brasil)

Roth, Isabel Lorch
Você, eu, todos nós : direitos humanos e um futuro comum / Isabel Lorch Roth. -- 1. ed. -- São Paulo : Editora do Brasil, 2022. -- (Convivências plurais)

ISBN 978-85-10-09264-7 (aluno)
ISBN 978-85-10-09265-4 (professor)

1. Direitos humanos - Literatura infantojuvenil
I. Título. **II.** Série.

22-118429 CDD-028.5

Índices para catálogo sistemático:
1. Direitos humanos : Literatura infantojuvenil 028.5
2. Direitos humanos : Literatura juvenil 028.5
Cibele Maria Dias - Bibliotecária - CRB-8/9427

Editora do Brasil
Rua Conselheiro Nébias, 887
São Paulo, SP – CEP: 01203-001
Fone: +55 11 3226-0211
www.editoradobrasil.com.br

Para Felipe, Fernanda,
Bernardo e Gabriela,
por tudo o que já vivemos.

E para David, por
tudo que ainda
temos pela frente.

Sumário

Prefácio

Os Direitos Humanos são princípios que atravessam a história, presentes em textos filosóficos, religiosos e políticos. Trata-se, portanto, de valores entranhados na sociedade ao longo do tempo. São ainda normas listadas em 30 artigos na Declaração Universal dos Direitos Humanos de 1948, uma iniciativa de Estados-membros da Organização das Nações Unidas que expressava a vontade de evitar a repetição de tragédias humanas como aquelas ocorridas durante a Segunda Guerra Mundial, encerrada três anos antes. Apesar de não ter força de lei, trata-se de um dos documentos mais influentes já produzidos para tentar garantir liberdade e igualdade de direitos às pessoas, independentemente de "raça, cor, sexo, língua, religião, opinião política ou de outra natureza, origem nacional ou social, riqueza, nascimento, ou qualquer outra condição". Mas os Direitos Humanos são também uma expressão distorcida, retorcida e mal-entendida, razão pela qual há imensa dificuldade de dar a ela um caráter universal.

Na segunda metade do século XX, os Direitos Humanos foram usados da forma que convinha pelas potências que dividiam o mundo a partir de visões ideológicas. O bloco capitalista exaltava os direitos políticos e as liberdades individuais para firmar sua posição. Já o bloco comunista cerrava fileiras nos direitos econômicos e sociais coletivos. No Brasil – um país que passou por ditaduras que esmagaram as liberdades e que nunca conseguiu superar sua profunda desigualdade –, os Direitos Humanos aparecem especialmente associados à questão da segurança pública, mas de forma obtusa. Frases como "Direitos Humanos para humanos direitos" ou "bandido bom é bandido morto" estão sempre presentes no debate público. Além de tais ideias, que expõem uma adesão de parte da população à barbárie, novos elementos vêm se somando ao que podemos chamar de um momento agudo de ameaça aos Direitos Humanos. São ameaças embaladas em discursos e atitudes de políticos extremistas que se apoiam em um conservadorismo moral. É uma tendência mundial neste início de século XXI, com impactos significativos nos locais em que esse pensamento chegou ao poder, como no Brasil.

Na lógica do pensamento extremista contemporâneo, os Direitos Humanos deixam de ser usados de forma apenas conveniente – com trechos pinçados por blocos ideológicos como ocorria no século XX – e passam a ser frontalmente rechaçados. Não se trata mais de escolher e promover o direito mais adequado ao próprio discurso, e sim de transformar os princípios que se pretendiam universais em algo a ser combatido. Ativismos são considerados como um mal a ser eliminado. Minorias passam a ser vistas como setores que precisam se dobrar à vontade das maiorias. Novas expressões artísticas são vistas como ameaça a um passado idealizado. Manifestações culturais não hegemônicas são esmagadas. Buscas pela ampliação de direitos civis são tachadas como afronta à família tradicional. Nesse ambiente, a intolerância religiosa cresce. A intolerância no geral se espalha. O "outro" passa a gerar medo. O tecido social se esgarça.

Nem todo o léxico da Declaração Universal dos Direitos Humanos, porém, é abandonado. Palavras como "liberdade" continuam sendo usadas como um valor a ser defendido, mas são retorcidas de tal forma que justificam os mais variados atentados ao convívio em sociedade: liberdade de não usar máscaras, não tomar vacina e desobedecer a quarentenas, mesmo que isso ponha vidas em risco em meio a uma pandemia; liberdade de comprar e portar fuzis, mesmo que as evidências mostrem que isso aumenta a insegurança; liberdade de mentir e espalhar discursos de ódio, mesmo que isso envenene o debate público e ponha em risco a integridade física de pessoas. É o exercício de uma pretensa liberdade que resvala no autoritarismo, com grupos tentando impor uma visão de mundo – mesmo que descolada de bases científicas – com o objetivo de fazer prevalecer o ganho individual, minando a cada nova investida os interesses da coletividade.

É sempre importante ressaltar que tais valores não são necessariamente predominantes. Ora esse pensamento avança, ora se retrai. Ora um político que encampa esse discurso chega ao poder, ora é retirado de lá. O ponto é que seus defensores são particularmente vocais, amplificados pela lógica dos algoritmos das redes sociais, pela lógica do confronto e pela lógica da supressão de nuances.

É com este mundo – e com este Brasil – que o livro *Você, eu, todos nós – Direitos Humanos e um futuro comum* se depara. E é para este mundo – e este Brasil – que o trabalho de Isabel Lorch Roth, coordenado por Maria Helena Webster, traz contribuições fundamentais a partir do direito à cultura e à educação, do trabalho digno e da migração, do sistema internacional e do meio ambiente. Este livro paradidático une elementos que ajudam a iluminar cada um desses eixos: traz conceitos básicos que nos levam à compreensão sólida dos temas tratados, fenômenos conjunturais que nos localizam no contexto atual, exemplos ilustrativos que nos aproximam da realidade, notícias de fatos que nos dão senso de urgência e estímulo à ação, um elemento crucial para aliviar ou até reverter as pressões impostas ao planeta e a seus habitantes.

Nos eixos da cultura e da educação, o jeito particular de tocar sinos em igrejas mineiras nos apresenta ao conceito do Patrimônio Imaterial. Uma banda de *rap* saída das aldeias Jaguapiru e Bororó nos ajuda a entender a noção de passado e presente dos indígenas. Uma *influencer* pataxó nos ensina que, sim, ela pode ter celular. A tragédia do incêndio no Museu Nacional lembra-nos do descaso público com nossa própria história. Uma pianista da Ilha de Páscoa mostra-nos como misturar música clássica a expressões artísticas locais. As explicações sobre a composição do Índice de Desenvolvimento Humano alertam-nos para o fato de que o crescimento de um país não é medido apenas pelo PIB. Os modelos de ensino para pessoas com deficiência fazem-nos refletir sobre inclusão, integração, segregação e exclusão. E uma iniciativa de estudantes cearenses prova como a colaboração aumenta as chances de integrantes de uma comunidade ampliarem sua formação.

Nos eixos do trabalho digno e da migração, uma fórmula que une amor, competência, remuneração justa e anseio por um mundo melhor ajuda-nos a mensurar nossas motivações. O resgate histórico da Primeira à Quarta Revolução Industrial apresenta-nos às origens e às transformações das relações trabalhistas. O fenômeno da "uberização do trabalho" alerta-nos para as formas contemporâneas de precarização. As situações de crise econômica e social, de conflitos armados e a demanda por uma realidade mais segura ajudam-nos a acompanhar os fluxos de pessoas entre países. Os *stencils* singelos do britânico Banksy em um barco de resgate de refugiados no Mar Mediterrâneo ajudam-nos a pensar sobre as implicações políticas da busca por essa segurança. A história de uma capitã alemã que desafiou as autoridades italianas para desembarcar em Lampedusa migrantes africanos faz-nos pensar em como a coragem pode salvar vidas. A receptividade a "brancos e europeus" que fugiram da Guerra da Ucrânia põe-nos diante do racismo que envolve os fluxos pelo mundo. E o brutal assassinato do congolês Moïse Mugenyi Kabagambe no Rio de Janeiro lembra-nos de que esse drama está mais próximo de nós do que imaginamos.

Nos eixos do sistema internacional e do meio ambiente, as explicações dos conceitos de país, território, Estado e nação estimulam-nos a pensar sobre o que exatamente nos une. Uma *performance* em que a sérvia Marina Abramović usa o peso de corpos no limiar da morte obriga-nos a lidar com a ideia de confiança de forma radical. A proposta de simulação em sala de aula para a resolução de conflitos por meio da diplomacia coloca-nos frente a frente àquele que talvez seja o maior desafio de nosso tempo: a busca pelo diálogo. Por fim, as evidências que se acumulam sobre os impactos da ação humana no clima e as consequências desastrosas que isso pode trazer à Terra lembram-nos da finitude das civilizações e nos posicionam diante de um espelho em que a pergunta que emerge é: Quando e como vamos começar a reagir de forma coordenada e coletiva?

Você, eu, todos nós – Direitos Humanos e um futuro comum mostra-nos que, apesar de vários desses temas serem distorcidos para uso político no século XXI, não estamos diante de questões que opõem liberais e conservadores ou direita e esquerda. Estamos, sim, diante de dois grandes desafios: superar negacionistas e preconceitos a partir do conhecimento, a fim de resgatar consensos mínimos e consolidar os Direitos Humanos como valores universais, para assim garantir a diversidade em nossa sociedade multicultural. Este livro enfrenta esses desafios. Por isso sua leitura é mais do que necessária. É urgente.

Conrado Corsalette

Jornalista, cofundador e editor-chefe do *Nexo*, jornal digital que prioriza explicações e análises em variados formatos multimídia. Também já atuou nas áreas de política e administração pública nos jornais *Folha de S.Paulo* e *O Estado de S. Paulo* como repórter e editor.

A Terra é azul

"Se algo der errado, eu peço – especialmente a você, Valentina, que não morra em luto. Pois assim é a vida." Com essas palavras, o jovem militar Yuri Alekseievitch Gagarin despedia-se em uma carta endereçada à esposa e às filhas no dia 10 de abril de 1961. Dois dias depois, às 9h07 de uma manhã de primavera, Gagarin embarcaria na aeronave soviética Vostok-1, em uma base militar no Cazaquistão, em direção ao espaço.

Sua viagem durou pouco mais de noventa minutos. Algumas falhas técnicas na aeronave e na comunicação com a base por pouco não comprometeram a segurança do cosmonauta e o sucesso da viagem. Ao entrar em órbita, da janela de sua cabine de controle, Gagarin vislumbrou nosso planeta como ninguém havia feito até então. Seu espanto se eternizou na frase "A Terra é azul". Lá de cima, ele avistou com clareza os rios e as falhas geológicas e constatou: "A Terra é belíssima, sem fronteiras ou limites". Gagarin trouxe-nos do espaço uma nova forma de enxergar, possível apenas pela evolução de todo o conhecimento humano acumulado até aquele momento.

Gagarin aterrissou em segurança, tornando-se instantaneamente um herói nacional e uma celebridade mundial. Foram quase seis meses em turnê pelo mundo. Em plena Guerra Fria, ele visitou a Rainha Elizabeth II e o líder cubano Fidel Castro. Todos queriam conhecê-lo.

O foguete que lançou o cosmonauta ao espaço e o trouxe de volta pertencia ao bloco comunista. Mas os conhecimentos técnico-científicos que permitiram o desenvolvimento do foguete são milenares e universais. Pense na evolução da Matemática, da Física. Pense no manuseio e na fundição de metais. Pense no desenvolvimento de tecidos, na confecção de cabos. Nos estudos do Cosmos, na Astronomia, na Geografia. Pense no preparo físico, nos exames médicos. Na avaliação psicológica, no treinamento militar. Aquele jovem viajante russo, que aos 27 anos foi ao espaço e voltou, só conseguiu esse feito graças ao conhecimento acumulado e compartilhado, que nos permitiu transcender enquanto espécie.

O cosmonauta era a prova viva de todo nosso potencial, testemunha da conquista de um sonho. A experiência de Gagarin foi individual, mas, ao compartilhar suas impressões do espaço, ele a universalizou. Depois, vieram outros grandes feitos: a chegada do ser humano à Lua, os mergulhos em águas profundas. Mas não são só de missões exploratórias que se fazem as grandes experiências transcendentais.

A Declaração Universal dos Direitos Humanos (DUDH), documento que inspirou a criação deste livro, é outra forma de expressão da potência humana. Promulgada em 10 de dezembro de 1948 pela Assembleia Geral das Nações Unidas, a Carta é uma resposta à barbárie do Holocausto e da Segunda Guerra Mundial.

E que bela e potente resposta! A Carta ecoa a voz daqueles que acreditam no melhor do ser humano, no espírito colaborativo, no respeito às diferenças, na convivência pacífica e digna entre os povos. Ela elenca direitos individuais e coletivos, econômicos, sociais e culturais, para defender os princípios básicos para a garantia da dignidade humana.

Passados mais de 70 anos de sua criação, a Declaração segue sendo atual e necessária. Nossa história tem algumas dezenas de milhares de anos e ainda será longa. O que deve nos mover é a eterna esperança na construção de um futuro melhor para cada um de nós e para todos. A Declaração Universal dos Direitos Humanos é, nesse sentido, um guia que delimita para nossa sociedade o horizonte incontornável da nossa existência.

Isabel Lorch Roth

▼ Hamlet através dos anos.
Da esquerda para a direita, de cima para baixo: 1. Paapa Essiedu (2016); 2. Sarah Bernhardt (1899); 3. Companhia de Teatro Shanghai Jingju (2013); 4. Diogo Vilela (2001); 5. Angela Winkler (2000); 6. Alex Jennings (1997); 7. Laurence Olivier (1948).

DONALD COOPER/ALAMY/FOTOARENA; HULTON ARCHIVE/GETTY IMAGES; EUGENE HOSHIKO/AP PHOTO/IMAGEPLUS; FLAVIO FLORIDO/FOLHAPRESS; MANOOCHER DEGHATI/AFP; ROBBIE JACK/CORBIS/GETTY IMAGES; TWO CITIES/RANK/ALBUM/FOTOARENA.

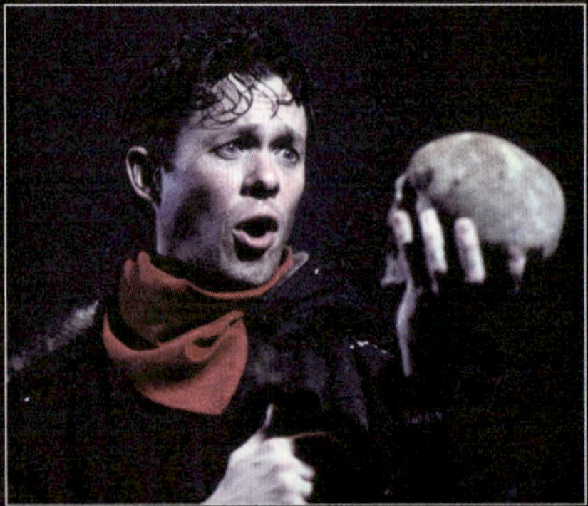

CAPÍTULO 1

Expressar-se e escutar, viver e contemplar

A tragédia de Hamlet, príncipe da Dinamarca, atualmente mais conhecida simplesmente como *Hamlet* (1599-1601), é a peça mais encenada do dramaturgo inglês William Shakespeare. Isso se deve à riqueza de temas que aborda – política, violência, moral, amor, família, luto, vingança, o sentido da vida e a razão de sermos – e à multiplicidade de interpretações que propicia. O crítico Jan Kott defende que montar uma peça de Shakespeare não é revisitar o passado, mas entender o próprio presente. As roupas mudam, as montagens se modernizam, mas as muitas reflexões sobre temas e dilemas que o texto permite continuam servindo como ferramenta de educação, cultura e criação.

O conceito de educação está ligado ao processo de ensinar e aprender, pressupondo uma relação entre ao menos duas partes dentro de uma temporalidade. O que se ensina ou se aprende são os conjuntos de conhecimentos, códigos, símbolos e valores que dão forma e sentido à nossa existência e à nossa convivência. A educação é uma ferramenta potente para compreendermos o mundo à nossa volta, seus elementos constitutivos e a construção histórica da qual somos consequência e para a qual contribuímos. O acesso ao conhecimento permite que mergulhemos dentro de nossos próprios universos interiores, compreendendo, assim, nossa essência e nosso propósito.

A cultura, por sua vez, é definida como o conjunto de comportamentos, saberes, valores e símbolos de um grupo social em dado tempo. Coloquialmente, cultura é a soma de uma educação formal, institucionalizada, com uma informal, própria do nosso meio familiar e social. São manifestações subjetivas, criativas e artísticas de um povo que moldam nossa identidade.

Portanto, **educação, cultura e criação** andam sempre juntas, fortalecendo-se mutuamente e fundamentando as construções narrativas sobre nós, o mundo e o momento que vivemos. Neste capítulo, os estudos de caso baseiam-se no direito à educação e à cultura, ilustrando como o acesso a esses recursos contribui para o fortalecimento e desenvolvimento de nossos potenciais enquanto indivíduos e povo.

TÓPICO 1

A essência dos povos: cultura como fator de identidade e autonomia

Voz e liberdade

Queridos amigos, meu nome é Renê Kithãulu e pertenço ao povo Waikitesu dos Nambikwara, que moram em sua maioria no Estado do Mato Grosso e uma pequena parte no Estado de Rondônia [...].
Sabe, existem livros que ensinam coisas verdadeiras sobre os povos indígenas, mas há também aqueles que não mostram as coisas como elas são. No nosso país existem mais de 180 línguas indígenas. Quando vocês veem uma casa indígena, chamam sempre de "oca". Mas essa é uma palavra Tupi. Os Nambikwara chamam de sxisu. Como vocês veem, há muitas diferenças.

KITHÃULU, Renê. As histórias do meu povo. *In*: KITHÃULU, Renê. **Irakisu**: o menino criador. São Paulo: Peirópolis, 2002. (Coleção Memórias Ancestrais: povo nambikwara).

Koangagua significa "nos dias de hoje" em guarani. É também o nome do primeiro *single* (2015) de sucesso do Brô MC's (2009), primeiro grupo de *rap* indígena do Brasil. Originários das aldeias Jaguapiru e Bororó (Dourados – MS), os integrantes do grupo, Bruno Veron, Clemerson Batista, Kelvin e Charlie Peixoto, já se apresentaram em diversas partes do país, como São Paulo, Rio de Janeiro, Minas Gerais e Brasília, produzindo músicas de *hip hop* que falam sobre o cotidiano em suas aldeias, a luta pela demarcação de terras, consumo de drogas e álcool e questões identitárias. Uma das composições do grupo, "Terra Vermelha", chegou a ser incluída na trilha sonora do curta-metragem *Em busca da terra sem males* (dirigido por Anna Azevedo), apresentado no Festival Internacional de Cinema de Berlim, um dos mais importantes festivais de cinema do mundo. Para esses sujeitos indígenas, cultura não é o passado, mas o presente. Suas composições musicais permitem que vivenciem, ressignifiquem e divulguem sua cultura pelo Brasil, contribuindo para derrubar racismos, estereótipos e preconceitos enraizados em grande parte da população.

Mas, apesar do reconhecimento do grupo hoje, seus integrantes afirmam que o começo não foi fácil. Tiveram de, simultaneamente, lidar com a resistência das lideranças comunitárias de suas aldeias e o estranhamento do público externo, que em sua maioria desconhece o povo guarani e sua língua.

Segundo o Censo do IBGE (2010), o Brasil tem cerca de 900 mil cidadãos que se autodenominam indígenas, divididos em 305 povos/etnias em todas as regiões do país. No total, esses povos falam 274 línguas, tornando o Brasil um dos países de maior diversidade sociocultural do planeta. Ainda segundo o Censo, essa parcela da população divide-se entre áreas urbanas e rurais: 36,2% residem nas cidades, e 63,8% no campo, em aldeias. A porcentagem de indígenas vivendo em áreas urbanas é expressiva e reflete uma realidade de povos originários da América Latina. Segundo um relatório de 2021 do Congresso Norte-Americano, há oficialmente cerca de 41,81 milhões de indígenas na América Latina. Desses, metade vive em centros urbanos.

Leia abaixo um trecho do livro *Índios no Brasil: história, direitos e cidadania* (Claro Enigma, 2012), da antropóloga e indigenista Manuela Carneiro da Cunha, e, a partir do exemplo apresentado acima, reflita sobre as questões propostas:

> Hoje ainda, por lhes desconhecermos a história, por ouvirmos falar, sem entender-lhe o sentido ou o alcance, em sociedades "frias", sem história, porque há um tropo propriamente antropológico que é o chamado "presente etnográfico", e porque nos agrada a ilusão de sociedades virgens, somos tentados a pensar que as sociedades indígenas de agora são a imagem do que foi o Brasil pré-cabralino, e que, como dizia Varnhagen por razões diferentes, sua história se reduz estritamente à sua etnografia. Na realidade, a história está onipresente. Está presente, primeiro, moldando unidades e culturas novas, cuja homogeneidade reside em grande parte numa trajetória compartilhada: é o caso, por exemplo, do conglomerado piro/conibo/cambeba, que forma uma cultura ribeirinha do Ucayali, apesar de seus componentes pertencerem a três famílias linguísticas diversas — Arawak, Pano e Tupi —, e que se contrapõe às culturas do interflúvio (Erikson in Carneiro da Cunha [org.] 1992); é o caso também das fusões Arawak-Tukano do alto rio Negro (Wright in Carneiro da Cunha [org.] 1992), das culturas neorribeirinhas do Amazonas (Porro in Carneiro da Cunha [org.] 1992), das sociedades indígenas que Taylor chama apropriadamente de coloniais porque geradas pela situação colonial.
>
> CUNHA, Manuela Carneiro. **Índios no Brasil**: história, direitos e cidadania. São Paulo: Claro Enigma, 2012. p.12-13.

- No clipe de *Koangagua*[6], os integrantes do grupo misturam referências estéticas, linguísticas e musicais de suas aldeias e de outros contextos culturais. Assista ao vídeo e busque identificar quais elementos podem ser associados a culturas indígenas. Que outras influências podem ser identificadas no clipe?
- Com base nos textos e nas referências apresentados nessa seção, você acha que a cultura é estática ou passível de transformação?
- Se as culturas estão em constante transformação, há algo que as define e diferencia?

◀ Bruno Vn, Clemerson Batista, CH, Kelvin Mbaretê, integrantes do Brô MC's.

LUAN ITURVE – CINEASTA GUARANI

6. [BRASIL] Brô MC's – Koangagua [*Rap* Indígena] | GUARANI + LEGENDADO. [*S.l.*: *s.n.*], 2017. 1 vídeo (4 min). Publicado pelo canal Nuestro Sur Brasil. Disponível em: https://www.youtube.com/watch?v=XusuhhpfmLs. Acesso em: 15 fev. 2022.

ACULTURAÇÃO E ASSIMILAÇÃO CULTURAL

Existe um campo das ciências humanas, chamado Antropologia, que diz respeito aos estudos sobre o homem e as sociedades humanas de maneira ampla e que, entre outros objetos, se debruça sobre os processos de evolução culturais. Nesses estudos, há dois conceitos comumente utilizados para explicar o processo de transmissão/adaptação entre culturas. O conceito de "aculturação" é referente ao processo de modificação ou adaptação de uma cultura a partir do contato com outra, dominante. A aculturação é um processo que afeta o coletivo, um fenômeno social que pode resultar na transformação e até descaracterização do grupo influenciado. Já a noção de "assimilação cultural" faz referência a um processo semelhante à aculturação, mas que se dá no nível individual.

▼ Assembleia de todas as etnias Yanomami na comunidade Toototobí – Hutukara.
EDSON SATO/PULSAR IMAGENS

Em seu livro *Os índios e a civilização* (Coleção A Antropologia da Civilização), Darcy Ribeiro, antropólogo, educador e escritor, parte dos conceitos de aculturação, assimilação e integração dos povos indígenas brasileiros para cunhar o conceito de "transfiguração étnica", referente à capacidade de adaptação orientada para a sobrevivência de povos historicamente marginalizados e violentados. Em linhas gerais, a transfiguração étnica seria o processo através do qual etnias indígenas brasileiras passaram a incorporar alguns elementos externos ou a desenvolver instituições internas próprias como mecanismo de defesa a uma condição imposta de subordinação sociocultural e política. Você já havia parado para pensar em como a cultura resiste e se reinventa?

Arco, flecha e celular: Quem é o indígena brasileiro?

"Quem é o indígena brasileiro?", indaga Alice Pataxó de seus milhares de seguidores do Twitter. A jovem utiliza seus perfis digitais e a capacidade de engajamento na rede para promover reflexões sobre racismo, identidade e cultura indígena.

▶ Alice Pataxó chegando à COP26 em Glasgow, Escócia (2021).
DOMINIKA ZARZYCKA/NURPHOTO/AFP

Alice assumiu o compromisso de colaborar para desconstruir uma visão romântica e colonialista do que significa ser indígena no Brasil contemporâneo, que muitas vezes limita e deslegitima a existência de pessoas como ela própria: uma jovem indígena, de pele clara, que frequenta a universidade e utiliza a internet no seu dia a dia.

Mas ela não é a única que busca levar informação sobre a realidade atual dos indígenas e promover debates a partir das redes sociais. O comunicador social Cristian Wariu Tseremey'wa também utiliza os canais digitais para apresentar e popularizar conceitos, práticas e narrativas de seu povo a um público jovem. Apelidado por lideranças locais de "guerreiro digital", o jovem xavante amplifica sua voz em defesa da causa indígena por meio de publicações no Instagram, YouTube e TikTok, além de apresentar dois *podcasts* – *Voz Indígena* e *Copiô, Parente* –, provando como as ferramentas digitais vêm contribuindo cada vez mais para fortalecer e disseminar culturas indígenas pela conscientização e mobilização social.

No final de 2020, Wariu lançou o curso Guerreiros Digitais, em parceria com a Coordenação das Organizações Indígenas da Amazônia Brasileira (Coiab) e o Coletivo 105 e com o apoio da ONG TNC, para capacitar e estimular jovens indígenas do Mato Grosso, Pará e Amapá a produzir conteúdo digital e, assim, ampliar e aprofundar ainda mais discussões sobre representatividade, racismo e cultura em nossa sociedade.

Segundo Wariu, as pessoas desconhecem os povos indígenas porque as questões relacionadas a eles não são de fato apresentadas e discutidas por indígenas. Essa falta de representatividade e os estereótipos presentes até hoje são fortes motivos para que os povos indígenas falem sobre suas próprias vivências, combatendo assim o racismo, desmistificando preconceitos e expondo verdades. Isso é especialmente importante, já que os indígenas não são um único povo, mas vários, espalhados pelo território nacional, cada um com cultura, história, política e questões próprias.

Artista-jaguar Denilson Baniwa

Não é só pelas redes sociais que ativistas indígenas disseminam suas mensagens. O publicitário e artista visual Denilson Baniwa é cofundador da Rádio Yandê, primeira rádio indígena do Brasil, com transmissão *on-line* 24 horas, cujo propósito é difundir as culturas indígenas sob uma ótica tradicional, didática e colaborativa.

Baniwa é originário da aldeia Darí, no Rio Negro (AM), e atualmente vive no Rio de Janeiro. Autointitulado como artista antropófago, ele se apropria de linguagens ocidentais para descolonizá-las em sua obra, desenvolvida com base em técnicas e linguagens diversas, como *performance*, poesia, colagem, arte digital, pintura e gravura.

Observe, a seguir, uma cena da *performance Pajé-Onça caçando na Avenida Paulista*, na qual o artista caminha pela movimentada avenida paulistana utilizando manto e máscara de onça e carregando uma lança, enquanto interage com elementos urbanos e transeuntes. A proposta é provocar uma reflexão criativa e ácida sobre integração e assimilação cultural, estereótipos culturais e racismo.

- Como você definiria cultura?
- O *hip hop* do grupo Brô MC's, a arte performática de Baniwa e os discursos *on-line* promovidos por jovens comunicadores sociais como Alice Pataxó e Cristian Wariu demonstram a força e singularidade criativa de cada um para expressar suas respectivas visões de mundo. No entanto, essas produções parecem compartilhar um contexto comum, uma necessidade de se contrapor a uma narrativa colonialista, que nega ou minimiza a diversidade cultural indígena. Pesquise mais sobre as referências apresentadas e reflita: Podemos pensar no Brasil como um país pluricultural?

▶ Denilson Baniwa em sua *performance Pajé-Onça caçando na Avenida Paulista*, em 2019.
ACERVO PARTICULAR

Conheça mais sobre Denilson Baniwa e seu trabalho.

O que é cultura?

A palavra "cultura" tem origem no latim *colere*, que significa cuidar, cultivar, crescer, o que sugere um processo de aperfeiçoamento contínuo. De maneira geral, pode-se definir cultura como um conjunto de comportamentos e saberes criados em determinado local e determinada época, ou ainda o conjunto de saberes, valores e símbolos que compartilhamos socialmente. Cultura também pode ser um termo aplicado para caracterizar a educação formal, que recebemos das instituições, e a educação informal, que aprendemos com nossas famílias e círculos sociais.

A língua, as crenças, os costumes, as normas, as leis e as expressões artísticas de um povo, em suas diversas formas – música, dança, artes gráficas, tradições, festividades, culinária e artesanato –, são meios de expressar uma cultura. Por constituir um universo complexo e composto de processos, códigos e símbolos, a cultura não pode ser dissociada de nossa convivência em sociedade, exercendo grande influência em nossas identidades como indivíduos e membros de um grupo social. Por isso, o direito a usufruir da vida cultural está incluído na Declaração Universal dos Direitos Humanos e no Pacto Internacional sobre Direitos Econômicos, Sociais e Culturais, de 1966.

Qualquer que seja a definição escolhida, é preciso ter em mente que o conceito de cultura sempre será entendido como algo dinâmico, flexível e em constante transformação: é um tecido que nos molda como indivíduos e que é ininterruptamente transformado por nós, agentes transformadores. Esse entendimento de uma cultura flexível, no entanto, é um conceito mais recente.

▶ O acarajé, prato típico da culinária baiana, tem origem africana e é feito de feijão-fradinho e azeite de dendê. Foi um dos primeiros bens culturais de natureza imaterial tombados no Brasil pelo Instituto do Patrimônio Histórico e Artístico Nacional (Iphan). O ritual de preparo, a oralidade ancestral na transmissão da receita original, as origens e simbologias do prato e o ritual envolvido na apresentação e oferta do acarajé fazem dele um ótimo exemplo de expressão cultural.
CLAUDIA BAIANA/WIKIMEDIA.ORG

Até o século XIX, prevaleceram teorias que vinculavam a expressão cultural de um povo a justificativas biológicas/genéticas, o que inclusive contribuiu "justificar" o pretenso determinismo biológico, uma teoria sem embasamento científico que foi fundamental na arquitetura ideológica de movimentos sociopolíticos racistas, fascistas e eugenistas da primeira metade do século XX. Segundo essas correntes de pensamento, a cultura estaria relacionada à herança genética dos povos.

Outra teoria superada é a do determinismo geográfico, que considerava que as diferenças climáticas, ambientais e geográficas das regiões poderiam influir na diversidade, no desenvolvimento cultural e no progresso das civilizações. Essa corrente se popularizou entre geógrafos europeus durante o século XIX, mas foi superada a partir da década de 1920, quando a Antropologia chamou atenção para a grande diversidade cultural verificável em territórios com as mesmas características físicas e climáticas.

Apesar de já terem sido rejeitadas pela ciência, essas teorias deterministas – biológicas ou geográficas – continuam a ecoar nos dias de hoje por meio de discursos preconceituosos e simplistas que tentam limitar a classificação de diferentes culturas.

Em capítulos anteriores, falamos sobre práticas colonialistas manifestadas de maneira física, institucional e econômica. Sob a perspectiva cultural, um importante sociólogo francês chamado Pierre Bourdieu criou o conceito de "violência simbólica" para sintetizar o processo de imposição de certos valores culturais realizado por um grupo dominante, que pode se dar através da discriminação de práticas, costumes ou características culturais de um grupo ou classe social. Dentro de uma dinâmica de violência simbólica, a cultura do grupo ou classe dominante é legitimada pela construção de conhecimento e comunicação. A classe ou o grupo dominado, que acaba sendo sistematicamente marginalizado, perde a capacidade de se opor à dinâmica de violência, que passa a ser naturalizada.

MAPA-MÚNDI – CLIMA

▶ O determinismo geográfico proposto pelo geógrafo alemão Friedrich Ratzel, hoje totalmente superado, sugeria que as características geográficas e climáticas influenciavam o desenvolvimento sociocultural dos povos. A teoria, além de empiricamente insustentável, reforçava uma retórica colonialista de que os povos do Hemisfério Norte seriam mais desenvolvidos do que os do Sul.

ALESSANDO PASSOS

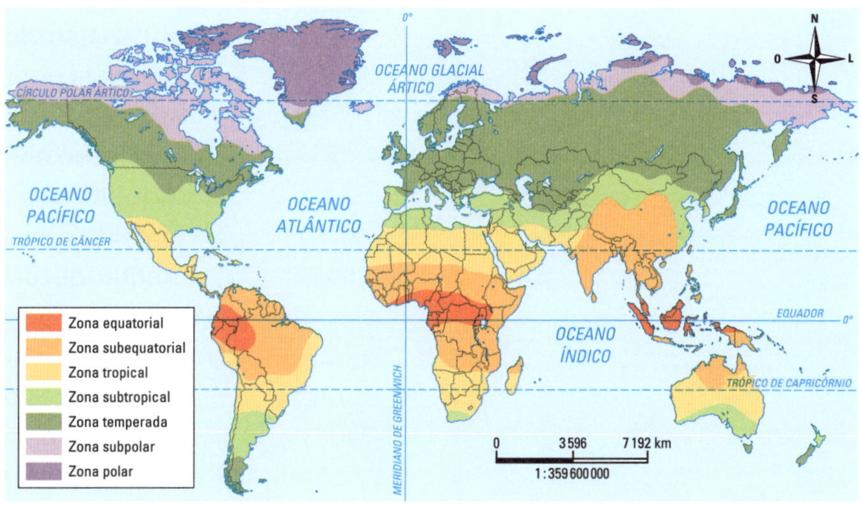

Fonte: IBGE. **Atlas geográfico escolar.** 8. ed. Rio de Janeiro: IBGE, 2018. p. 58.

* Esta seção traz conceitos como cultura e manifestação cultural, que podem ser utilizados como instrumento de dominação – entre povos e dentro de determinado grupo. Retomando os conteúdos sobre resistência e afirmação indígena já explorados, reflita: Por que o direito à cultura é um direito fundamental?
* Como esse direito pode e deve ser assegurado?

O direito à cultura, aqui e no mundo lá fora

Leia a seguir os artigos 215 e 216 da nossa Constituição, que abordam a garantia de direitos culturais em nossa sociedade:

> Art. 215. O Estado garantirá a todos o pleno exercício dos direitos culturais e acesso às fontes da cultura nacional, e apoiará e incentivará a valorização e a difusão das manifestações culturais.
> § 1º O Estado protegerá as manifestações das culturas populares, indígenas e afro-brasileiras, e das de outros grupos participantes do processo civilizatório nacional.
> Art. 216. Constituem patrimônio cultural brasileiro os bens de natureza material e imaterial, tomados individualmente ou em conjunto, portadores de referência à identidade, à ação, à memória dos diferentes grupos formadores da sociedade brasileira, nas quais se incluem: as formas de expressão; os modos de criar, fazer e viver; as criações científicas, artísticas e tecnológicas; as obras, objetos, documentos, edificações e demais espaços destinados às manifestações artístico-culturais; os conjuntos urbanos e sítios de valor histórico, paisagístico, artístico, arqueológico, paleontológico, ecológico e científico. [...]

BRASIL. [Constituição (1988)]. **Constituição da República Federativa do Brasil**. Brasília, DF: Presidência da República, [2016].

* Você já conhecia o termo "patrimônio cultural"?
* Com base na definição apresentada no Art. 216 da Constituição Federal de 1988, pense em bens da sua cidade ou do seu estado que poderiam ser classificados como patrimônio cultural. Como você elaborou essa lista? Reflita sobre a importância – histórica, social, econômica – desses bens culturais.

No Brasil, o órgão responsável pela preservação do patrimônio cultural brasileiro é o Instituto do Patrimônio Histórico e Artístico Nacional (Iphan). Trata-se de uma entidade pública com autonomia administrativa e financeira (autarquia), vinculada ao Ministério do Turismo, que tem a função de proteger e promover os bens culturais do país e conservar, salvaguardar e monitorar bens culturais inscritos na Lista do Patrimônio Mundial e na Lista do Patrimônio Cultural Imaterial da Humanidade, cujas regras de classificação são estabelecidas pela Organização das Nações Unidas para a Educação, a Ciência e a Cultura (Unesco), uma agência especializada das Nações Unidas que tem como missão contribuir para a paz e segurança internacional pela promoção e incentivo à educação, às ciências naturais, às ciências sociais e humanas, à cultura e às comunicações.

O Iphan é composto de 27 superintendências, distribuídas em todos os estados e no Distrito Federal, e 37 escritórios técnicos, localizados, em sua maioria, próximo a conjuntos urbanos tombados (as chamadas Cidades Históricas). O órgão é o responsável no Brasil, há mais de oito décadas, por realizar o reconhecimento e tombamento de edifícios, centros e conjuntos urbanos, sítios arqueológicos, objetos e documentos. Tradicionalmente, os bens materiais são organizados em quatro conjuntos, classificados segundo sua natureza: arqueológico, paisagístico e etnográfico; histórico; belas artes; e das artes aplicadas. Os bens imateriais, por sua vez, são aqueles com continuidade histórica ou relevantes para a memória nacional, ou ainda aqueles que fazem parte das referências culturais de diferentes grupos formadores de nossa sociedade.

Esses bens imateriais só passaram a ser protegidos com a promulgação da Constituição Federal de 1988, que ampliou a noção de patrimônio cultural, passando a abarcar um quinto conceito: o de patrimônio imaterial, categoria que requer o esforço de preservação em conjunto com a sociedade ao longo das gerações.

A fim de mapear e garantir a preservação desses bens imateriais, o Iphan instituiu o Registro de Bens Culturais de Natureza Imaterial e criou um programa nacional e um departamento próprios para salvaguardar de maneira mais estruturada os bens registrados. Veja a seguir alguns exemplos de patrimônios imateriais brasileiros.

▶ O conhecimento necessário para a fabricação artesanal de panelas de barro da região de Goiabeiras, no município de Vitória (ES), foi o primeiro bem cultural registrado pelo Iphan como Patrimônio Imaterial no *Livro de registro dos saberes*, em 2002. Trata-se de uma técnica reproduzida por mulheres, cujo conhecimento é passado de maneira intergeracional dentro de um convívio familiar e de comunidade.

TALES AZZI/PULSAR IMAGENS

▼ O Jongo no Sudeste, prática afro-brasileira que envolve dança coletiva, canto e percussão com tambores, carrega forte herança cultural de matrizes africanas e possui um viés espiritual. É praticado em comunidades – rurais e urbanas – em todos os estados da Região Sudeste. Foi registrado no *Livro das formas de expressão* em 2005.

MARCO ANTONIO SÁ/PULSAR IMAGENS

▲ O Ofício de Sineiro, referente à prática de toque de sinos de igrejas católicas em cidades históricas de Minas Gerais, foi inscrito no *Livro de registro dos saberes* em 2009. Preponderantemente masculina, a prática tradicional carrega uma memória afetiva e identitária das populações locais: os toques variam de acordo com festividades e ritos religiosos, atos fúnebres ou outras finalidades de comunicação coletiva.

MOURÃO PANDA/FOTOARENA

▶ A festa do Bumba Meu Boi do Maranhão foi eleita Patrimônio Cultural Imaterial da Humanidade. Realizada nos estados do Norte, a festa constitui um "complexo cultural" com manifestações que unem elementos do cristianismo, de cultos de matriz africana e lendas regionais com símbolos da cosmologia indígena.

MARCO ANTONIO SÁ/PULSAR IMAGENS

O incêndio no Museu Nacional

ARTIGO DE LEI

1. Toda a pessoa tem o direito de tomar parte livremente na vida cultural da comunidade, de fruir as artes e de participar no progresso científico e nos benefícios que deste resultam.

2. Todos têm direito à proteção dos interesses morais e materiais ligados a qualquer produção científica, literária ou artística da sua autoria.

ARTIGO 27º DA DECLARAÇÃO UNIVERSAL DOS DIREITOS HUMANOS

◀ O Palácio da Quinta da Boa Vista, sede do Museu Nacional, foi tombado pelo então Serviço do Patrimônio Histórico e Artístico Nacional (Sphan) em 1938, estando inscrito no *Livro de tombo histórico* e no *Livro do tombo de belas artes*.
FRANCISCO PRONER RAMOS/AGIF

O tombamento de bens materiais e imateriais, pelo Iphan ou pela Unesco, visa resguardar, preservar e promover o patrimônio cultural. Contudo, a preservação dos bens culturais é responsabilidade de todos, não apenas dos órgãos reguladores.

Em setembro de 2018, logo após completar 200 anos, o Museu Nacional, instituição cultural mais longeva do Brasil e responsável pela maior coleção de história natural da América Latina, foi destruído em um incêndio de grande dimensão.

O Palácio da Quinta da Boa Vista, em São Cristóvão (RJ), foi residência oficial de D. João VI (1808-1821) e D. Pedro I e D. Pedro II (1822-1889) antes de se tornar sede do Museu Nacional, a partir de 1892. Como residência imperial, o edifício foi tomando a forma de museu graças às coleções pessoais de objetos históricos e peças naturais mantidas pelos monarcas.

Dona Maria Leopoldina, por exemplo, chegou ao Brasil com coleções arqueológicas, etnográficas e de moedas antigas. Seu marido, D. Pedro I, iniciou uma importante coleção de múmias egípcias, que foi consideravelmente ampliada para cerca de 700 itens durante o reinado de seu filho, D. Pedro II. A vasta e importante coleção contava com mais de 20 milhões de itens, organizados em seções de botânica e zoologia, geologia e paleontologia, antropologia, biologia, arqueologia e etnologia.

O incêndio do Museu Nacional gerou grande comoção junto aos brasileiros e à comunidade científica nacional e internacional, tanto pelas imensuráveis perdas materiais quanto pela previsibilidade do fato. A instituição vinha sendo negligenciada sistematicamente há anos, sofrendo progressivos cortes de verba, o que inegavelmente causou a precarização da manutenção predial, de cuidados museológicos e pesquisas fundamentais à integridade física das coleções. Infelizmente, o incêndio, apesar de chocante, reflete uma realidade bastante comum sofrida pelos equipamentos culturais de nosso país.

Observe, no infográfico a seguir, a queda de recursos transferidos para a manutenção do Museu Nacional durante os cinco anos que antecederam o incêndio.

Desde 2008, pelo menos outros oito equipamentos culturais foram destruídos total ou parcialmente por incêndios: Teatro Cultura Artística (2008), Instituto Butantan (2010),

Memorial da América Latina (2013), Museu de Ciências Naturais da PUC de Minas Gerais (2013), Centro Cultural Liceu de Artes e Ofícios (2014), Museu da Língua Portuguesa (2015), Cinemateca Brasileira (2016 e 2021).

▶ Com as cinzas recolhidas nos escombros do Museu Nacional, o artista visual Vik Muniz produziu desenhos de artefatos do acervo destruídos pelo incêndio. Na foto, Sarcófago de Sha-amun-en-su, de 750 A.C., recriado em 2019.

VALORES RECEBIDOS PELO MUSEU NACIONAL DESDE 2013 (EM R$ MIL)

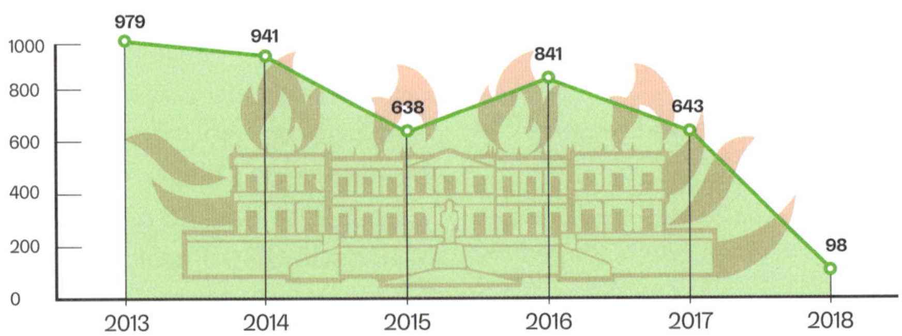

Fonte: Consultoria de Orçamento da Câmara dos Deputados.

▶ O gráfico ao lado demonstra a redução drástica do orçamento do Museu Nacional nos 5 anos antes do incêndio.

SILVANA MARTINS

► Em uma visita ao Museu Nacional (RJ) em julho de 2018, o artista Gustavo Caboco encontrou uma borduna, instrumento de defesa e luta do povo wapichana, produzida em 1924. O povo wapichana é composto de cerca de 13 mil indivíduos, concentrados prioritariamente na região de fronteira entre o Brasil e a Guiana. O objeto resgatou memórias afetivas e reflexões sobre a ancestralidade wapichana do artista, permitindo que se lembrasse da história de um tio, uma antiga liderança indígena. Dois meses depois, contudo, a borduna foi destruída pelo fogo que pôs abaixo o Museu Nacional – junto com outros 40 mil itens representantes de quase 300 etnias indígenas. A partir desse episódio marcante, o artista elaborou *Baaraz Kawau*, *"o campo após o fogo"*, uma publicação independente impressa à mão, em serigrafia, com tiragem de 100 exemplares, que pretende promover um livro como ponto de encontro e reafirmar a resistência indígena a séculos de violência colonial – que se expressa, inclusive, pelo descaso das instituições com a preservação da história e memória desses povos.

GUSTAVO CABOCO

- Escolha uma das instituições listadas nas páginas anteriores e pesquise a importância cultural/artística dela e o que se perdeu no incêndio. Reflita sobre como essas perdas podem reverberar negativamente em outras áreas: O que perdemos enquanto sociedade quando acervos como esses são destruídos?
- Observe novamente o gráfico que aponta a queda de repasses financeiros ao Museu Nacional e reflita sobre a importância do investimento no setor cultural. O que deveria ser feito pelo poder público para evitar episódios semelhantes? E o que a sociedade civil poderia fazer para ajudar a preservar o patrimônio histórico-cultural abrigado em museus e outras instituições culturais?
- Qual foi a última vez que você esteve em um museu?

O CUIDADO COM O QUE TAMBÉM É DO OUTRO

Ao longo de dois séculos de história, o Museu Nacional acumulou mais de 20 milhões de itens em suas coleções de geologia, paleontologia, antropologia, arqueologia pré-colombiana, arqueologia brasileira e cultura indígena, Egito Antigo e Culturas do Mediterrâneo. As peças foram presenteadas, doadas e compradas ao longo das décadas, ilustrando histórias de diferentes povos.

Embora o Museu seja brasileiro, seu acervo é de importância – histórica, científica, cultural-internacional.

"Não sabemos o que foi perdido no Museu Nacional", diz arqueólogo mais importante do Egito

Um dos mais conhecidos arqueólogos do mundo, o egípcio Zahi Hawass pode ser definido como o "mestre das múmias". Durante mais de dez anos chefe do conselho responsável pela gestão das antiguidades de seu país, ele não só liderou estudos como trabalhou pela conscientização e popularização da ciência, além de comandar um movimento que demanda a repatriação de tesouros culturais mantidos por museus de nações desenvolvidas. [...]

E quanto ao argumento de que os museus de muitos desses países não têm condições de preservar e expor apropriadamente esses artefatos frágeis?

Temos hoje museus melhores que em qualquer lugar do mundo. [...]

O que o senhor pode dizer sobre os itens egípcios perdidos no incêndio do Museu Nacional? [...]

O que aconteceu no Brasil foi uma tragédia para todos nós e serve de reflexão. Nunca tivemos um incêndio em um museu. Não sabemos o que foi perdido, pois o Museu (Nacional) nunca fez um relatório público sobre isso. Foi um triste dia para a arqueologia, e é por isso que precisamos monitorar a segurança e as condições em que artefatos egípcios estão sendo mantidos e exibidos fora do Egito [...].

BAIMA, Cesar; GRANDELLE, Renato. "Não sabemos o que foi perdido no Museu Nacional", diz arqueólogo [...] **O Globo**, Rio de Janeiro, 27 dez. 2018. Disponível em: https://oglobo.globo.com/brasil/historia/nao-sabemos-que-foi-perdido-no-museu-nacional-diz-arqueologo-mais-importante-do-egito-23329918. Acesso em: 2 jul. 2022.

* Você acha que países que não conseguem preservar bens culturais deveriam devolvê-los a seus países de origem? Reflita considerando a necessidade de recursos financeiros, profissionais especializados e infraestrutura.
* Quem decide (ou deveria decidir) essas condições?
* Você acha que esse raciocínio seria válido para patrimônios da humanidade retirados de países de origem "sem condições" de resguardá-los?

Como e quando devolver peças roubadas?

ARTIGO DE LEI

Todos os seres humanos podem invocar os direitos e as liberdades proclamados na presente Declaração, sem distinção alguma, nomeadamente de raça, de cor, de sexo, de língua, de religião, de opinião política ou outra, de origem nacional ou social, de fortuna, de nascimento ou de qualquer outra situação. Além disso, não será feita nenhuma distinção fundada no estatuto político, jurídico ou internacional do país ou do território da naturalidade da pessoa, seja esse país ou território independente, sob tutela, autônomo ou sujeito a alguma limitação de soberania.

ARTIGO 2º DA DECLARAÇÃO UNIVERSAL DOS DIREITOS HUMANOS

Durante a dominação britânica, muitos artefatos arqueológicos foram retirados do Egito. Esse processo define um tipo específico de violência muito praticado durante o colonialismo europeu, mas que em realidade foi reproduzido em diferentes momentos da história por distintos povos dominantes: a espoliação cultural é uma prática que remonta à Antiguidade e que carrega diferentes significados.

Após a Segunda Guerra Mundial, em um contexto de fortalecimento de movimentos de independência em países africanos e asiáticos, vozes nacionais dessas regiões passaram a se manifestar contra práticas coloniais de espoliação de bens culturais, frequentes em territórios colonizados, especialmente entre os séculos XIX e XX. Os esforços de mobilização desses movimentos nacionais, que visavam à recuperação de seu patrimônio e símbolos, resultaram no estabelecimento de um comitê de especialistas, designado pela Unesco em 1964, para planejar uma convenção internacional sobre o tema.

A Convenção Relativa às Medidas a Serem Adotadas para Proibir e Impedir a Importação, Exportação e Transferência de Propriedades Ilícitas dos Bens Culturais – o primeiro instrumento jurídico internacional para a proteção de bens culturais em tempos de paz – foi aprovada em 1970 na Conferência Geral da Unesco e entrou em vigor em 24 de abril de 1972, após ter sido ratificada por três países: Bulgária, Equador e Nigéria. Cinquenta anos depois, já são 140 os países signatários, oficialmente comprometidos em combater o tráfico de bens culturais e devolver itens furtados a seus países de origem.

▶ Desde a independência grega do Império Otomano, em 1832, o país europeu reivindica sistematicamente a devolução de esculturas do Período Clássico e outras peças de arte nacionais espalhadas por grandes museus da Europa, em particular aquelas que integram a coleção sob a guarda do Museu Britânico, em Londres. Com o nome de Os mármores de Elgin, a galeria inglesa exibe esculturas removidas da Acrópole de Atenas no século XIX pelo então embaixador britânico Lorde Elgin. Representantes do governo grego insistem na devolução das peças, entendendo que a repatriação seria o mais correto a se fazer sob as perspectivas da ética, da política e do direito cultural. Representantes do Museu Britânico e do próprio governo inglês, por outro lado, se recusam a proceder com a devolução, sob o argumento de que à época a aquisição das peças se deu de maneira legal.
BMCL/SHUTTERSTOCK.COM

Com base nesse instrumento, a Unesco definiu um comitê intergovernamental para promover o retorno de bens culturais a seus países de origem ou sua restituição em caso de apropriação ilícita, o Intergovernmental Committee for Promoting the Return of Cultural Property to its Countries of Origin or its Restitution in case of Illicit Appropriation (ICPRCP), focado especificamente na devolução de bens perdidos ou saqueados até o ano de 1972, quando a convenção entrou em vigor. Já o Código Internacional de Ética para Negociantes de Bens Culturais foi criado em 1999 para orientar negociantes e colecionadores internacionais de arte e antiguidades.

Apesar desses avanços, a questão continua sendo tema sensível, tanto quando se aborda o passado como quando se fala do presente: muitos museus renomados, principalmente de países europeus e dos EUA, adotaram o ano de 1970 como a data a partir da qual a proveniência dos objetos deve ser questionada. Assim, embora o reconhecimento da convenção previna aquisições de objetos espoliados no futuro, não garante a devolução de centenas de milhares de peças espoliadas durante o Período Colonial. Os museus argumentam que, na época, as práticas não constituíam crime e que muitas dessas peças representam bens culturais da humanidade, devendo permanecer sob a tutela de instituições possuidoras das melhores condições de guarda e preservação.

A REIVINDICAÇÃO DE MUITOS

O Brasil não é o único país a reivindicar internacionalmente a devolução de artefatos, antiguidades e obras de arte retirados indevidamente do país durante o Período Colonial. Pelo contrário, há países com movimentos, instituições culturais e agências governamentais mais bem estruturados e mobilizados para reivindicar a devolução desses itens, em um amplo processo de reparação histórica que tem como principal alvo coleções de grandes museus europeus. Veja a seguir alguns exemplos.

* O Brasil reivindica internacionalmente artefatos indígenas, fósseis e outros bens materiais espoliados e levados para museus e coleções particulares, principalmente na Europa. Considerando, por um lado, o direito do povo brasileiro de conhecer sua cultura e história e, por outro, o quadro de negligência sistemática do país com relação a equipamentos culturais, reflita sobre a questão: Os museus e as coleções internacionais deveriam atender a essas reivindicações, devolvendo seus acervos ao país de origem?
* Para fundamentar a discussão e diferentes pontos de vista, elabore uma lista com argumentos favoráveis e contrários à devolução desses itens, individualmente ou em grupo.

▶ *Retrato de Adele Bloch-Bauer I* ou *A dama dourada*, quadro de Gustav Klimt, um dos mestres da *art nouveau*, retrata a esposa do banqueiro vienense judeu Ferdinand Bloch-Bauer. Pintado em 1907, o quadro foi saqueado pelas tropas nazistas em 1938, junto com dezenas de outras peças da coleção particular da família Bloch-Bauer, e vendido à Galeria Belvedere, uma das mais prestigiadas instituições culturais de Viena. A obra permaneceu exposta junto a outros cinco quadros de Klimt, originários da mesma coleção, durante quase 70 anos, até que um processo aberto nos EUA pela sobrinha de Adele, Maria Altmann, resultou, em 2004, na decisão de que as obras deveriam ser devolvidas à herdeira da família. Dezenas de milhares de outras famílias judias tiveram seus bens roubados sob o regime nazista. Estima-se que, durante a Segunda Guerra Mundial, mais de cinco milhões de obras de arte tenham sido ilegalmente transferidas de propriedade na Europa. Até hoje, cerca de 100 mil peças continuam desaparecidas.

NEUE GALERIE NEW YORK/WIKIMEDIA.ORG

▶ Há anos o governo mexicano busca reaver peças de seu patrimônio histórico e cultural, saqueadas ou transferidas durante a dominação espanhola e que se encontram espalhadas em coleções de arte ao redor do mundo. O cocar de Montezuma, peça confeccionada com plumas de quetzal, ouro e prata, dada pelo imperador asteca ao conquistador espanhol Hernán Cortés, no século XVI, encontra-se sob a guarda do Museu de Etnologia de Viena, e foi reivindicada pelo governo mexicano em 1991, 2011 e 2020, sem sucesso. Outras peças de arte pré-colombiana estão sendo reivindicadas de coleções localizadas na França, na Alemanha, na Itália e no Vaticano.

MUSEU DE ETNOLOGIA,VIENA/ALEXANDER KLEIN/AFP

▼ O Museu Quai Branly, em Paris, possui uma coleção com aproximadamente 70 mil peças de arte originárias de países da África Subsaariana. Em 2018, o presidente francês Emmanuel Macron encomendou um relatório a dois especialistas sobre o que fazer com tesouros artísticos originários da África que se encontram sob a guarda de instituições culturais francesas. Segundo os autores do relatório, a historiadora francesa Bénédicte Savoy e o economista senegalês Felwine Sarr, toda vez que um país africano solicitar a devolução de um objeto, as autoridades francesas devem atender ao pedido, a menos que possam comprovar documentalmente que o objeto em questão não é fruto de roubo ou espólio. Estima-se que a França possua, em seus acervos, ao menos 90 mil objetos procedentes da África Subsaariana. Desde a publicação do documento, autoridades africanas vêm se mobilizando para localizar e reivindicar a repatriação de obras. Até agora, contudo, poucas obras foram de fato recuperadas. A postura adotada pelo governo francês, não obstante, é um marco na discussão internacional que envolve, fundamentalmente, ex-colônias e ex-metrópoles.

MUSEU QUAI BRANLY,PARIS/STEPHANE GAUTIER/ALAMY/FOTOARENA

O extermínio de um povo pela supressão de sua cultura

ARTIGO DE LEI

1. Todo ser humano tem deveres para com a comunidade, na qual o livre e pleno desenvolvimento de sua personalidade é possível.

2. No exercício de seus direitos e liberdades, todo ser humano estará sujeito apenas às limitações determinadas pela lei, exclusivamente com o fim de assegurar o devido reconhecimento e respeito dos direitos e liberdades de outrem e de satisfazer as justas exigências da moral, da ordem pública e do bem-estar de uma sociedade democrática.

3. Esses direitos e liberdades não podem, em hipótese alguma, ser exercidos contrariamente aos objetivos e princípios das Nações Unidas.

ARTIGO 29º DA DECLARAÇÃO UNIVERSAL DOS DIREITOS HUMANOS

Entre os meses de maio e junho de 2021, a população canadense acompanhou, revoltada, as notícias a respeito da descoberta de 1148 sepulturas de crianças indígenas. Essas sepulturas estavam localizadas em diferentes partes do território do país, sempre em locais próximos a internatos católicos. As descobertas revelam apenas a ponta do *iceberg* de um longo e sombrio período da história canadense (1883-1996), durante o qual dezenas de milhares de crianças indígenas foram sistematicamente separadas de suas famílias e enviadas à força para internatos religiosos, sob o pretexto de que ali seriam educadas e "civilizadas".

Nesses espaços, episódios de abusos psicológicos, físicos e sexuais contra os menores era uma realidade frequente, o que, segundo a Comissão de Verdade e Reconciliação Canadense, resultou em aproximadamente 6 mil mortes e dezenas de milhares de vítimas que ficaram permanentemente marcadas por traumas físicos e emocionais. A conclusão do relatório indica que esse processo sistemático de negação das raízes socioculturais e de assimilação forçada de costumes anglo-saxões configurou um verdadeiro genocídio cultural: depois de as crianças serem retiradas de suas famílias e comunidades, elas eram levadas às instituições que tinham como objetivo o apagamento cultural das raízes indígenas, o que envolvia a imposição religiosa, linguística, alimentar e de costumes.

A jovem parlamentar Mumilaaq Qaqqaq, representante do território de Nunavut na Câmara dos Comuns canadense e parte do grupo indigena inuíte, destaca como a busca pelo apagamento da cultura dos diferentes povos indígenas, nativos do território canadense, ia muito além do envio das crianças para os internatos religiosos e como, ainda hoje, existem estratégias que seguem querendo colonizá-los. Leia a seguir um trecho da entrevista concedida por ela à *BBC News Brasil* sobre esses tópicos.

"O que aconteceu no Canadá foi genocídio", diz parlamentar indígena

BBC News Mundo – A Comissão de Verdade e Reconciliação do Canadá indicou há alguns anos que houve um "genocídio cultural" desses internados. Essas sepulturas são uma nova evidência disso?

Mumilaaq Qaqqaq – Não acho que o genocídio cultural seja uma opção [para nomear o ocorrido]. Acho que é genocídio, ponto final. Porque a cultura vem de uma pessoa ou de um grupo específico de pessoas. E quando olhamos para o que aconteceu com os povos indígenas em todo o país, o que vemos não é [um ataque a] uma cultura específica, mas um estilo de vida e uma visão de mundo. [...] Era um discurso como: "O seu jeito de viver, ser, pensar não se encaixa na sociedade branca ocidental. Ele está errado, e por isso precisamos te reeducar e te separar do seu jeito de pensar e viver" [...]

BBC – Você fala de genocídio, que por definição é o extermínio sistemático de um grupo racial, étnico, cultural, político ou nacional. É o que você diz que ocorreu no Canadá?

MQ – Sim, acho que houve um processo muito estratégico, bem pensado e metódico para que continuemos vendo-o se desdobrar até hoje. As pessoas acham que como indígenas não enfrentamos mais a colonização, o que é totalmente falso. Fomos colocados em situações de tal maneira que não temos hoje direitos humanos básicos. Lutamos por moradias seguras, água potável, uma vida acessível – enquanto o resto do Canadá, principalmente os brancos, não precisam se preocupar com esse tipo de coisa... Quando você olha para os internatos e, especificamente, para os povos do norte, para os inuítes, há muitas outras estratégias bem pensadas em que o governo estava tentando eliminar nossa vida "indígena": com o abate de cães de trenó, a realocação forçada, a internação compulsória para tratamento de tuberculose, entre muitas outras.

[...] Ninguém pediu pobreza, ninguém pediu para ser colocado em uma epidemia de suicídio, ninguém pediu para viver quantidades imensas de abusos. Mas nós, inuítes, fomos forçados a sofrer com tais situações, dia após dia. Buscamos os direitos humanos básicos para que os inuítes tenham as mesmas oportunidades que os canadenses do sul. Os primeiros povos deste país sempre lutaram muito, nossas vidas são destinadas a sobreviver e depois ajudar os outros a sobreviver. E isso não é justo: todos devem ter o direito de buscar o que desejam para suas vidas.

LISSARDY, Gerardo. 'O que aconteceu no Canadá foi genocídio', diz parlamentar indígena. **BBC News Brasil**, São Paulo, 10 jul. 2021. Disponível em: https://www.bbc.com/portuguese/internacional-57786853. Acesso em: 15 fev. 2022.

▲ Escola Residencial Indígena Kamloops, estabelecida em 1923. Acredita-se que restos mortais de mais de 200 crianças estejam enterrados no local em covas sem identificação.

CHRIS ALLAN/SHUTTERSTOCK.COM

▶ Parlamentar canadense, Mumilaaq Qaqqaq, na Marcha pela Verdade e Justiça para os Povos Indígenas Canadenses.

WIRESTOCK CREATORS/SHUTTERSTOCK.COM

- No capítulo sobre equidade racial e neste, foram apresentados os artistas que denunciam os efeitos desse extermínio sistemático contra povos originários no Brasil, como Katú Mirim, Brô MC's e Denilson Baniwa. Quais pontos em comum você vê entre as violações de direitos de indígenas canadenses e brasileiros?
- Há semelhanças nas formas de resistência? Quais?
- O que o governo poderia e deveria fazer para garantir os direitos fundamentais dos povos indígenas, contribuindo para a preservação de suas culturas e comunidades?

Território como elemento de autonomia e requisito para a integridade cultural

O Art. 231 da Constituição Federal (BRASIL, 1988) declara que:

> São reconhecidos aos índios sua organização social, costumes, línguas, crenças e tradições, e os direitos originários sobre as terras que tradicionalmente ocupam, competindo à União demarcá-las, proteger e fazer respeitar todos os seus bens.

Compreendendo-se a centralidade das terras como espaço fundamental ao bem-estar dos indivíduos e sobrevivência das aldeias e seus costumes e práticas culturais, o documento detalha ainda que:

> São terras tradicionalmente ocupadas pelos índios as por eles habitadas em caráter permanente, as utilizadas para suas atividades produtivas, as imprescindíveis à preservação dos recursos ambientais necessários a seu bem-estar e as necessárias a sua reprodução física e cultural, segundo seus usos, costumes e tradições [§ 1°], sendo terras inalienáveis e indisponíveis, e os direitos sobre elas, imprescritíveis [§ 4°].

Apesar da letra da lei, nos últimos anos foram inúmeras as denúncias de violências sistêmicas cometidas contra povos indígenas em todas as regiões do país. Ao mesmo tempo, é cada vez mais forte a pressão de movimentos indígenas organizados e simpatizantes da sociedade civil pela demarcação de terras.

▲ RAPHAELA CORSI

- Você sabe a que se refere o processo de demarcação de terras?
- Se o direito às terras tradicionalmente ocupadas é constitucionalmente assegurado aos povos indígenas, por que, passados mais de 30 anos da promulgação da Constituição Federal, as terras ainda não foram demarcadas?
- Como a não demarcação de terras pode impactar a resistência cultural das aldeias rurais e urbanas?

Pianista troca fama para preservar sua cultura

A Ilha de Páscoa, chamada pelos moradores locais de Rapa Nui, é uma ilha vulcânica famosa por seus sítios arqueológicos. É neles que podemos encontrar quase 900 estátuas moais, que são representações da figura humana, com cabeças gigantes esculpidas em pedra. No entanto, a ilha também sofre com graves problemas sociais, como casos de alcoolismo e consumo de drogas, os quais a reconhecida pianista Mahani Teave associava a um contexto de falta de oportunidades.

Teave nasceu no Havaí e se mudou várias vezes de país: ainda criança, foi com a família para a Ilha da Páscoa e, depois, aos 9 anos, mudou-se para o Chile para seguir os estudos de piano. Mais tarde, seu destino foram os EUA e, depois, a Alemanha, onde construiu uma carreira prestigiada na música clássica.

Em 2012, Teave decidiu voltar à Ilha de Páscoa com o objetivo de promover ações que pudessem oferecer oportunidades a seus moradores. Ela decidiu, então, com a ajuda de outros 10 ativistas ambientais, criar a Fundação Toki, mantenedora de uma escola de música e dança local.

A organização cultural mistura educação clássica, tradicional e ambiental para oferecer oportunidades de capacitação e aperfeiçoamento a crianças e adolescentes originários da Ilha de Páscoa, que podem começar a frequentar o centro aos 2 anos e, conforme crescem, passam a ter a possibilidade de estudar piano, violoncelo, violino, trompete, ukulele, re'o (um canto antigo típico da ilha), takona (pintura corporal) e teoria musical, além de lições das danças tradicionais ori e hoko.

Projetado e construído com base em critérios e práticas sustentáveis, o edifício que abriga a escola levou um ano e meio para ficar pronto e contou com a colaboração de voluntários de todo o mundo. Ao priorizar o reaproveitamento de materiais, a instalação de painéis solares e o reúso da água da chuva, os administradores buscaram dar um exemplo de sustentabilidade que pudesse indicar um caminho possível para a gestão de recursos naturais que permitissem colocar a ilha em uma posição de vanguarda, considerando a iminência das mudanças climáticas, que, durante as próximas décadas, fará com que o mundo todo precise buscar soluções e se reinventar para, ao menos, diminuir a velocidade de tais transformações.

▼ Estátuas moais, tradicionais da Ilha de Páscoa.
GABOR KOVACS PHOTOGRAPHY/ SHUTTERSTOCK.COM

Seus planos para o fim de semana

O que você faz nos finais de semana? Talvez goste de baladas, *shows* ou festivais, de sair para comer fora, de encontrar pessoas que compartilham sua visão política e seu gosto estético. Pode ser ainda que frequente bibliotecas, museus e centros culturais; ou prefira ficar em casa, assistindo filmes e séries.

Qualquer que seja sua escolha, provavelmente, seu tempo de descanso e lazer envolve algum tipo de produto cultural ou artístico. Literatura, cinema, música, dança, teatro, artes visuais, gastronomia, arquitetura, manifestações de arte popular – tudo isso traz diversidade, propósito, leveza, prazer, reflexão e diálogo para nossas vidas, além de promover o desenvolvimento pessoal.

O item 1 do Artigo 27º da Declaração Universal dos Direitos Humanos aborda o direito de todos de participar livremente da vida cultural da comunidade, usufruindo das múltiplas linguagens das artes. Já artistas, músicos, escritores e *performers* também têm assegurado, pelo Artigo 19º e pelo item 2 do Artigo 27º, o direito a se expressar de maneira criativa. Esses direitos, garantidos por lei, foram violados muitas vezes ao longo da história.

EXPLORANDO CULTURA

Elabore uma lista com as atividades que realiza em um fim de semana típico e identifique se você e seus colegas se identificaram como pertencentes à mesma cultura ou não.

Depois, leiam a entrevista *O que aconteceu no Canadá foi genocídio* na íntegra e reflitam se, no Brasil atual, é possível que culturas sofram o mesmo tipo de pressão e apagamento e sobre o que podemos e devemos fazer a respeito.

TÓPICO 2

Nossa mola propulsora: educação como elemento de emancipação

O direito de cada um em atingir seu pleno potencial

▶ Apresentação da Candoco Dance Company, companhia de dança que realiza projetos integrando bailarinos com deficiências.
PA IMAGES/ALAMY/FOTOARENA

Toda pessoa nasce com um potencial e tem direito de desenvolvê-lo. Para desenvolver o seu potencial, as pessoas precisam de oportunidades. O que uma pessoa se torna ao longo da vida depende de duas coisas: as oportunidades que tem e as escolhas que fez. Além de ter oportunidades, as pessoas precisam ser preparadas para fazer escolhas.

GOMES DA COSTA, Antônio Carlos (org.). **Socioeducação**: estrutura e funcionamento da comunidade educativa. Brasília, DF: Secretaria Especial dos Direitos Humanos, 2006, p. 56.

No mercado de trabalho, profissionais de recursos humanos classificam competências em duas categorias: habilidades humanas ou comportamentais (*soft skills*) e habilidades técnicas (*hard skills*).

ARTIGO DE LEI

1. Toda a pessoa tem direito à educação. A educação deve ser gratuita, pelo menos a correspondente ao ensino elementar fundamental. O ensino elementar é obrigatório. O ensino técnico e profissional dever ser generalizado; o acesso aos estudos superiores deve estar aberto a todos em plena igualdade, em função do seu mérito.

2. A educação deve visar à plena expansão da personalidade humana e ao reforço dos direitos humanos e das liberdades fundamentais e deve favorecer a compreensão, a tolerância e a amizade entre todas as nações e todos os grupos raciais ou religiosos, bem como o desenvolvimento das atividades das Nações Unidas para a manutenção da paz.

3. Aos pais pertence a prioridade do direito de escolher o gênero de educação a dar aos filhos.

ARTIGO 26° DA DECLARAÇÃO UNIVERSAL DOS DIREITOS HUMANOS

As habilidades técnicas são mais tangíveis e, por isso mesmo, é mais fácil identificá-las e quantificá-las. São habilidades adquiridas através de processos formativos que vivenciamos na escola, na faculdade ou nos cursos que fazemos durante a vida. Alguns exemplos comuns que podemos citar são as capacidades de falar outros idiomas, como o inglês, de editar vídeos, analisar dados ou o domínio de áreas de conhecimento correspondentes às diversas opções de cursos de graduação, como Engenharia, Biologia, Matemática etc.

As habilidades humanas ou comportamentais são aquelas que se referem à maneira como uma pessoa lida com as próprias emoções, com os outros e com o ambiente ao seu redor. Alguns exemplos de habilidades humanas ou comportamentais são inteligência emocional, resiliência, comunicação assertiva, empatia e pensamento crítico – todas desenvolvidas a partir de experiências e processos vivenciados ao longo do tempo. Não há fórmulas para garantir que qualquer uma delas se desenvolva, já que reagimos aos estímulos de maneiras muito diferentes, o que faz com que uma mesma situação possa ser indiferente para uma pessoa e levar outra a refletir e se colocar no lugar do próximo. Também não é possível medir o quanto uma pessoa é empática ou resiliente, por exemplo, pois não existem critérios concretos para quantificar algo tão subjetivo, sendo esse o principal ponto que diferencia a forma de avaliar esses dois tipos de habilidade.

- Pense em coisas em que você e/ou seu colega são bons.
- Em seguida, divida as competências listadas em **habilidades técnicas** e **habilidades humanas ou comportamentais**. Qual é o tipo de habilidade mais mencionado?
- Agora busque identificar habilidades de natureza oposta, por exemplo, se você identificou uma habilidade técnica na primeira rodada, como ser bom no futebol, indique agora uma habilidade humana ou comportamental, como ser um bom ouvinte ou ter perfil de liderança.
- Por fim, reflita sobre como você desenvolveu as habilidades que lhe foram atribuídas. Como pode utilizá-las no futuro? Que habilidades você precisa desenvolver para se tornar a pessoa que deseja ser?

Entendendo o Índice de Desenvolvimento Humano

O governo, a mídia e muitos setores da sociedade civil costumam utilizar índices econômicos – como o PIB (Produto Interno Bruto), as variações inflacionárias e os níveis de empregabilidade – como indicadores do nível de crescimento ou progresso de um país. Mas será que analisar o retrato da economia em determinado recorte temporal é suficiente para descobrir se uma sociedade é desenvolvida? Aliás, o que significa desenvolvimento?

Segundo o Programa das Nações Unidas para o Desenvolvimento (Pnud), o conceito de desenvolvimento humano está atrelado ao processo pelo qual cada indivíduo vê ampliadas suas possibilidades de escolha, de modo que possa se desenvolver para ser quem desejar. Ou seja, de acordo com esse programa, uma sociedade desenvolvida compreende um ambiente no qual todas as pessoas possam expandir suas capacidades e atingir seu pleno potencial; no qual as oportunidades individuais e coletivas são ampliadas a cada geração; e no qual o direito de escolha se mantém tanto no presente quanto no futuro. Este último ponto, aliás, será mais discutido no próximo capítulo, quando refletirmos sobre os impactos das mudanças climáticas sobre as próximas gerações.

A ideia não é diminuir a importância da economia nessa análise. Pelo contrário, a geração de renda, a empregabilidade e outros fatores econômicos são fundamentais para garantir os meios de desenvolvimento de uma nação. Ainda assim, não podem ser vistos como um fim em si. Em outras palavras: é importante que aqueles que procuram emprego encontrem, mas também é importante que as pessoas vivam com qualidade de vida, tenham saúde, possam estudar e trabalhar com aquilo que traz realização a elas. Mas como se mede isso?

ÍNDICE DE DESENVOLVIMENTO HUMANO

O Índice de Desenvolvimento Humano (IDH) é uma metodologia idealizada no início dos anos 1990 pelos economistas Mahbub ul Haq, paquistanês, e Amartya Sen, indiano e vencedor do Prêmio Nobel de Economia em 1998, que busca avaliar o nível de desenvolvimento de um país para além da perspectiva econômica.

O IDH é calculado através da combinação de três índices, que são relativos à renda, educação e saúde. O componente renda é medido pela renda *per capita* do país, ou seja, refere-se a toda a riqueza gerada pelo país no momento presente dividida pelo número de cidadãos (PIB dividido pelo número de habitantes nacionais). Para o componente saúde, leva-se em consideração a expectativa de vida de crianças ao nascer, utilizando, para isso, outros indicadores, como índices de violência e mortalidade infantil. Por fim, o componente educação é estabelecido por duas taxas: a média de anos estudados por indivíduos adultos (acima de 25 anos) e a expectativa de anos de estudo para crianças. Assim, o indicador de educação considera os níveis de educação do presente e projeta as expectativas para o futuro.

O IDH, então, é calculado pela média desses três índices, contabilizados com o mesmo peso, e apresentado como uma variação entre zero e um. Quanto mais próximo do valor máximo (1), mais alto é o Índice de Desenvolvimento Humano de determinado local (o IDH pode ser calculado para municípios, estados e países). O IDH Internacional ranqueia dados de 189 países e é divulgado anualmente pelas Nações Unidas.

- Pesquise na internet a posição atual do Brasil no *ranking* internacional. Tente descobrir qual dos índices mais influenciou a posição do país ou sua eventual variação de posição de um ano para o outro.
- Busque, individualmente ou em grupo, notícias de jornal e dados oficiais que apontem fatores econômicos, estratégias políticas ou contextos sociais que impactem a definição desses índices.

Você sabe o que é Pisa?

Você já ouviu falar no Pisa? Pisa é a sigla do Programa Internacional de Avaliação de Estudantes, uma avaliação internacional periódica promovida pela Organização para a Cooperação e Desenvolvimento Econômico (OCDE) desde 2000 que busca avaliar as competências de estudantes de 15 anos em Matemática, Ciências e Leitura comparando os resultados obtidos nos diferentes países pesquisados. Em 2018, mais de 600 mil estudantes participaram internacionalmente da avaliação. Veja, na página a seguir, o desempenho médio dos 10 mil brasileiros que participaram da edição de 2018 do programa.

Você já parou para pensar nas razões pelas quais a educação é tão importante para o desenvolvimento nacional? Sob o ponto de vista econômico, quando falamos em educação, estamos vislumbrando qual será a capacidade produtiva de um país no futuro. Espera-se que, quanto maior for o nível educacional atingido, maior será o potencial de produtividade dos profissionais daquela localidade. Quanto maior for a produtividade, maior será a capacidade de geração renda e, consequentemente, maior o volume de riquezas produzidas no país. Crianças alfabetizadas, jovens com raciocínio lógico bem desenvolvido, universitários fazendo pesquisas científicas são diferentes níveis de um único projeto que coloca a educação como prioridade, garantindo às novas gerações o preparo necessário para que possam contribuir para o desenvolvimento da sociedade como um todo. Em resumo, os recursos internos conquistados a partir da educação permitem que seja possível encontrar soluções diante dos desafios, tornando o país em questão mais competitivo no cenário global.

▼ SILVANA MARTINS

DESEMPENHO DE JOVENS DE 15 ANOS EM LEITURA, MATEMÁTICA E CIÊNCIAS - PISA 2018

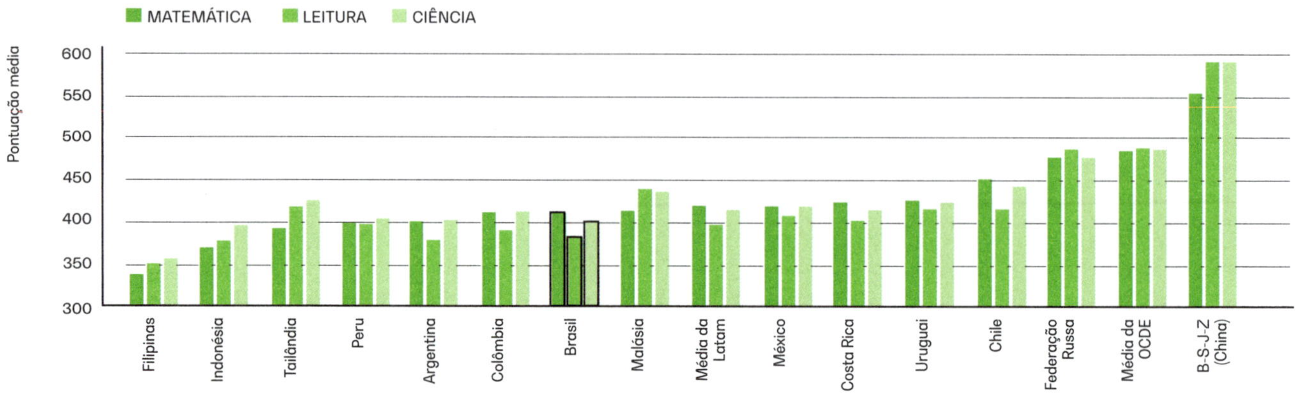

Fonte: OECD (2021). **A educação no Brasil**: uma perspectiva internacional. Tradução: Todos Pela Educação. [*S. l.*]: Todos Pela Educação, [2021]. Disponível em: https://todospelaeducacao.org.br/wordpress/wp-content/uploads/2021/06/A-Educacao-no-Brasil_uma-perspectiva-internacional.pdf. Acesso em: 12 abr. 2022.

* Compare o desempenho dos alunos brasileiros com a média latino-americana e mundial. Como você acha que os níveis de domínio/aprendizado nas disciplinas avaliadas impactam o percurso profissional e as oportunidades desses estudantes na vida adulta?
* O que esses números podem nos dizer sobre os desafios ou oportunidades que o Brasil poderá enfrentar na próxima década/geração? Você pode pensar e refletir individualmente ou com colegas sobre os impactos da educação hoje sobre o desenvolvimento de ações futuras, como no mercado de trabalho, mas também para desafios mais amplos, como o combate às mudanças climáticas ou o preparo do país para lidar com uma nova pandemia.
* Como os gastos com educação em um país impactam a qualidade do ensino? Em períodos eleitorais, é bastante comum ouvir candidatos falando sobre a construção de escolas. Mas será que é só isso que falta no sistema educacional brasileiro? Se possível, discuta com colegas.
* Faça uma lista de tudo o que falta para o Brasil desenvolver/manter um bom sistema educacional. Você pode pensar, individualmente ou com colegas, sobre questões como investimento, valorização de professores, financiamento de pesquisas etc., mas também questões mais diretamente ligadas à realidade de cada escola, como garantia de condução gratuita e de qualidade para estudantes e funcionários ou uma infraestrutura modernizada e boa manutenção. Com a lista pronta, compartilhe-a com adultos de seu convívio pessoal ou escolar e peça a opinião deles.

Fuga de cérebros

ARTIGO DE LEI

1. Toda a pessoa tem direito à liberdade de reunião e de associação pacíficas.

2. Ninguém pode ser obrigado a fazer parte de uma associação.

ARTIGO 20º DA DECLARAÇÃO UNIVERSAL DOS DIREITOS HUMANOS

A expressão "fuga de cérebros" sintetiza o movimento migratório de profissionais altamente qualificados que estão em busca de melhores condições de trabalho, pesquisa e remuneração.

Cortes significativos de investimento em educação, pesquisa e ciência diminuem as bolsas de estudo oferecidas pelas instituições governamentais, levando os estudantes em formação a buscar outros centros de pesquisa para desenvolver seus estudos. Frequentemente esses centros de pesquisa são fora do Brasil, levando muitos jovens pesquisadores a seguir sua carreira no exterior pelas melhores condições de trabalho graças a políticas mais consistentes de apoio às ciências.

Tão ou mais grave é o movimento de pesquisadores que, já formados e em plena produção, receiam perder os subsídios para dar continuidade às suas pesquisas. Eles já têm reconhecimento internacional e, muitas vezes, buscam centros de pesquisa no exterior para garantir a sequência dos trabalhos.

Assim, o país perde pesquisadores em formação e cientistas em produção. Com a partida deles, o Brasil também perde conhecimento, registros de patentes e oportunidade de melhorar suas instituições de ensino, pesquisa, ciências e cultura.

* Você acha que o direito à educação é uma causa que deve ser perseguida, individualmente, ou ser uma luta coletiva?
* Como podemos contribuir para que o direito de acesso à educação de qualidade seja garantido – obrigação do Estado, como exposto na Constituição Federal de 1988 e em leis e estatutos específicos, como o Estatuto da Criança e do Adolescente (ECA), de 1990 – para todas as crianças e adolescentes?

Programa de Educação em Células Cooperativas – Prece

▶ A metodologia de aprendizagem cooperativa criada por um grupo de estudantes do Ceará que desejavam entrar em uma universidade se expandiu e ajudou centenas de estudantes com o mesmo objetivo.
FAT CAMERA/ISTOCKPHOTO.COM

Em 1994, um grupo de sete estudantes de uma pequena comunidade chamada Cipó, no município de Pentecoste (CE), começou a se reunir para estudar. Eles se reuniam regularmente em uma casa de farinha abandonada com o objetivo de prestar apoio uns aos outros no processo de concluir o Ensino Médio e ingressar em uma instituição de Ensino Superior. Aos finais de semana, um professor de Pentecoste ia à comunidade do Cipó para orientar, apoiar e inspirar o grupo, autointitulado Projeto Educacional Coração de Estudante.

Após dois anos de encontros regulares, um dos integrantes do grupo foi aprovado em 1º lugar no vestibular da Universidade Federal do Ceará. Sua conquista representou uma vitória para todo o grupo e chamou a atenção de outros estudantes, familiares e autoridades locais. No ano seguinte, mais um integrante do grupo ingressou na universidade. Aos finais de semana, ambos costumavam regressar à comunidade do Cipó para continuar estimulando e ajudando os colegas.

Aos poucos, novos estudantes foram se juntando ao grupo e replicando a metodologia de aprendizagem cooperativa que aperfeiçoaram ao longo dos anos em células de estudos estabelecidas em diversos outros municípios do semiárido cearense. Essas células de estudos acabaram sendo a base para a criação de 13 associações estudantis, que chegaram a gerar o engajamento simultâneo de mais de 600 estudantes, de 80 comunidades rurais, em estudos de grupo pautados pelo protagonismo dos alunos e pelo espírito de solidariedade.

Em 2009, reconhecendo a importância do projeto, renomeado como Programa de Educação em Células Cooperativas, a Universidade Federal do Ceará criou a Coordenadoria de Formação e Aprendizagem Cooperativa (Cofac) para

replicar essa metodologia de aprendizagem em núcleos universitários. Dois anos depois (2011), a Secretaria Estadual de Educação do Ceará (Seduc) iniciou programas de difusão da metodologia para outras escolas de Ensino Fundamental e Médio.

Cerca de 20 anos depois do início dos estudos do primeiro grupo, na comunidade do Cipó, a metodologia de aprendizagem cooperativa já foi compartilhada com uma rede de 370 escolas no estado do Ceará e ajudou mais de 650 jovens a ingressar na universidade. Além do impacto direto na vida de cada estudante, o projeto contribuiu para o fortalecimento das comunidades rurais da região: cada vez mais e mais jovens seguiram com os estudos e, depois de formados, passaram a contribuir para o desenvolvimento local, abrindo novos negócios, desenvolvendo projetos e inspirando outras gerações.

* Você já ajudou algum colega a se preparar para uma prova? Você já recebeu ajuda de algum colega para resolver um exercício?
* Nessas relações, alguém ganha mais que o outro? Você sente que aprende alguma coisa para além do conteúdo em si?

Educação especial e inclusiva

Brasil tem mais de 17 milhões de pessoas com deficiência, segundo IBGE

"Um levantamento do Instituto Brasileiro de Geografia e Estatística (IBGE) aponta que 8,4% da população brasileira acima de 2 anos – 17,3 milhões de pessoas – tem algum tipo de deficiência [...]

O levantamento do IBGE aponta que a inclusão da pessoa com deficiência no mercado de trabalho ainda é um obstáculo. Apenas 28,3% delas em idade de trabalhar (14 anos ou mais de idade) se posicionam na força de trabalho brasileira. Entre as pessoas sem deficiência, o índice sobe para 66,3%.

Quase 68% da população com deficiência não tem instrução ou possui o ensino fundamental incompleto, índice de 30,9% para as pessoas sem nenhuma das deficiências investigadas.

JANONE, Lucas; ALMEIDA, Pauline. Brasil tem mais de 17 milhões de pessoas com deficiência, segundo IBGE. **CNN Brasil**, Rio de Janeiro, 26 ago. 2021. Disponível em: https://www.cnnbrasil.com.br/noticias/brasil-tem-mais-de-17-milhoes-de-pessoas-com-deficiencia-segundo-ibge/. Acesso em: 12 abr. 2022.

Como vimos ao longo do livro, a Declaração Universal dos Direitos Humanos garante a igualdade de direitos a todos os indivíduos, sem discriminação de qualquer tipo. Assim também é nossa Constituição Federal, que assegura não apenas os direitos individuais e sociais de todos os cidadãos brasileiros mas também especifica as obrigações do Estado e suas instituições para resguardar e assegurar seu cumprimento.

Infelizmente, sabemos que a realidade das pessoas com deficiência no Brasil não reflete esses instrumentos jurídicos. Seja na maneira como nossas cidades são organizadas, como é a estrutura de nossas instituições de ensino para recepcionar estudantes com diferentes graus de deficiência, seja como empresas montam escritórios e rotinas de trabalho, ainda há muito a ser feito quando o assunto é inclusão.

O Estatuto da Pessoa com Deficiência (Lei nº 13.146, de 2015) foi instituído com a função de garantir direitos fundamentais a pessoas com deficiência, como o exercício de sua cidadania e a inclusão social, além de abordar questões como direito a vida, saúde, educação, habitação, trabalho, assistência e previdência social, cultura, esporte, turismo e lazer, e pautas como não discriminação, atendimento prioritário, acessibilidade, acesso à informação e à comunicação e direito de participação na vida pública e política. Em seu capítulo 27, o instrumento diz que:

> A educação constitui direito da pessoa com deficiência, assegurados sistema educacional inclusivo em todos os níveis e aprendizado ao longo de toda a vida, de forma a alcançar o máximo desenvolvimento possível de seus talentos e habilidades físicas, sensoriais, intelectuais e sociais, segundo suas características, interesses e necessidades de aprendizagem.
>
> Parágrafo único. É dever do Estado, da família, da comunidade escolar e da sociedade assegurar educação de qualidade à pessoa com deficiência, colocando-a a salvo de toda forma de violência, negligência e discriminação.
>
> BRASIL. **Lei nº 13.146**, de 6 jul. 2015. Institui a Lei Brasileira de Inclusão da Pessoa com Deficiência (Estatuto da Pessoa com Deficiência). Brasília, DF: Presidência da República, 2015. Disponível em: http://www.planalto.gov.br/ccivil_03/_Ato2015-2018/2015/Lei/L13146.htm. Acesso em: 12 abr. 2022.

Um dos debates mais sensíveis no âmbito da Educação Especial e Inclusiva refere-se ao direito de acesso de alunos com deficiência a instituições de ensino regulares, que misturam alunos com e sem deficiências, buscando eliminar barreiras sociais e promover acessibilidade.

- O que constitui um sistema educacional inclusivo? Pesquise informações sobre o tema, preferencialmente junto a instituições dedicadas a educação e inclusão de pessoas com deficiência.
- Observe as pessoas ao seu redor. Você conhece as pessoas ao seu redor? Sabe quais são suas dificuldades, inseguranças e talentos? Em que aspectos vocês são parecidos ou diferentes? Você pode imaginar como seria uma escola em que todos fossem iguais a você?
- Educação é um conceito amplo, que compreende a formação e o desenvolvimento intelectual e moral de cada um de nós. Como a inclusão pode contribuir para melhorar a qualidade da educação de todos?
- A partir da observação do infográfico na página a seguir, discuta com seus colegas se vocês compreendem as diferenças entre os conceitos nomeados e o que eles significam. Depois, pesquise as definições no dicionário.

INCLUSÃO SOCIAL

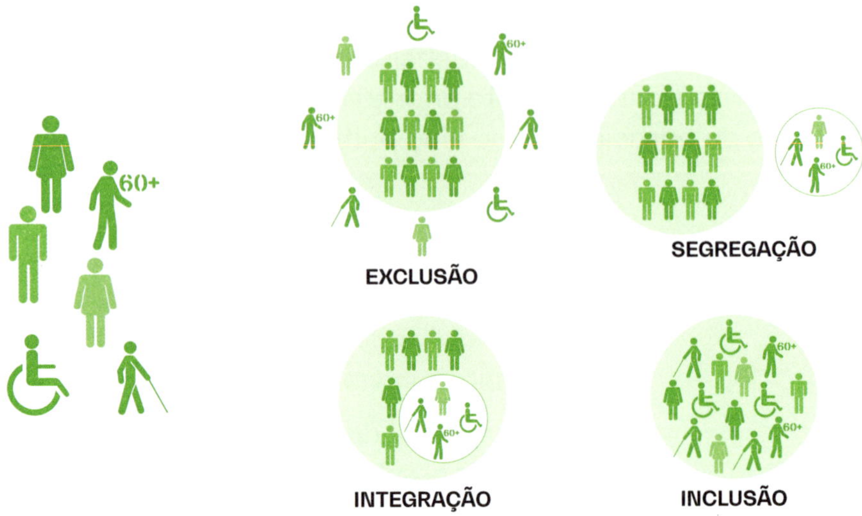

▶ FUNDAÇÃO Abrinq. Inclusão social. São Paulo: Fundação Abrinq, 2015. (Coleção Empresa Amiga da Criança).

SILVANA MARTINS

ARTIGO DE LEI

Todos são iguais perante a lei e, sem distinção, têm direito a igual proteção da lei. Todos têm direito a igual proteção contra qualquer discriminação que viole a presente Declaração e contra qualquer incitamento a tal discriminação.

ARTIGO 7º DA DECLARAÇÃO UNIVERSAL DOS DIREITOS HUMANOS

- O que constitui um sistema educacional inclusivo? Pesquise informações sobre o tema, preferencialmente junto a instituições dedicadas à educação e inclusão de pessoas com deficiência.
- Há um provérbio africano que diz que "para educar uma criança, é preciso uma aldeia inteira". Reflita e discuta com seus colegas os possíveis significados desse provérbio.
- Em sua opinião, há outros conhecimentos e habilidades, além dos descritos acima, que a professora Débora ensina a seus alunos?
- Tente se lembrar de alguma situação em que alguém ensinou algo importante a você. Pode ter sido um conhecimento técnico, uma visão de mundo, uma maneira de encarar os problemas. Por que esse aprendizado foi importante para você? Como ele contribui para a sua vida?
- Você acha que temos mais ou menos a aprender com pessoas que pensam/são/vivem de formas diferentes de nós?

INCLUSÃO TAMBÉM NO CORPO DOCENTE

Débora Seabra é professora, palestrante internacional e escritora. Já recebeu o Prêmio Darcy Ribeiro de Educação (2015) da Comissão de Educação da Câmara dos Deputados e tornou-se personagem especial da Turma da Mônica para o projeto Donas da Rua da História (Maurício de Sousa Produções) em 2020.

Débora é a primeira professora com síndrome de Down do Brasil e a primeira pessoa com Down da América Latina a concluir o curso de magistério. Atualmente, é professora auxiliar em uma escola particular de Natal (RN), onde apoia a alfabetização e o desenvolvimento da oralidade e memória de alunos de 6 e 7 anos.

▼ Débora Seabra, primeira educadora com síndrome de Down do Brasil.
MARIA FERNANDA RODRIGUES/ ESTADÃO CONTEÚDO/AE

Do que precisamos para aprender a ler o mundo?

▶ Cláudia Baré é uma educadora e liderança indígena residente em Manaus, fundadora do Centro de Educação Escolar Indígena Wakenai Anumarehit, onde diariamente atende cerca de 50 crianças e adolescentes da comunidade. Lá, ela transmite aos jovens conhecimentos tradicionais de povos tupi-guarani, o que inclui o ensino da língua nheengatu, aulas de dança, canto e botânica, além de estudos cartográficos sobre o território amazônico e as comunidades indígenas que ali vivem.
ARQUIVO PESSOAL

▶ Tia Dag é a idealizadora da Casa do Zezinho, uma tradicional organização social do Capão Redondo, na periferia paulistana, que oferece espaço e atividades de acolhimento, lazer e estudo para crianças e adolescentes da comunidade há mais de duas décadas. O projeto nasceu de uma experiência pessoal da pedagoga: durante a Ditadura Militar, ela recebeu em sua casa e educou filhos de perseguidos políticos, vindos de outros estados e de diferentes países da América Latina. A partir desse ambiente plural, ela extraiu os princípios com os quais estruturou a proposta de trabalho da Casa de Zezinho: escutar, dialogar e aprender com o outro.
PAULO LIEBERT/ESTADÃO CONTEÚDO/AE

▶ O engenheiro e matemático estadunidense Salman Khan queria ajudar uma prima adolescente a estudar para uma prova de Matemática da escola. Eles viviam em estados diferentes, então Khan decidiu fazer *upload* de alguns vídeos no YouTube, em que reproduzia fórmulas e equações por escrito para facilitar a explicação do conteúdo. Os vídeos de Khan ajudaram não só sua prima mas também vários de seus colegas de escola. O formato do vídeo, curto e focado em um único assunto, mostrou-se altamente eficiente para sintetizar e consolidar conhecimentos específicos. A partir daí, Khan montou um *website* com milhares de videoaulas gratuitas de até 15 minutos sobre Matemática, Física e Química, apresentadas de maneira objetiva e simples. Segundo ele, sua intenção não é concorrer com o professor em sala de aula, mas contribuir com seu trabalho a partir da oferta de mais recursos de ensino que enriqueçam o percurso de aprendizado de cada estudante.

ANDRE DUSEK/ESTADÃO CONTEÚDO/AE

▶ Ariela Doctors é comunicadora, *chef* de cozinha e idealizadora do projeto Comida e Cultura, que utiliza a experiência culinária e as histórias de ingredientes e pratos para passar a crianças de todas as idades noções de autocuidado, alimentação, saúde, tradições culturais, História, Geografia e evolução humana.

ANA PAULA PAIVA

Educação no Brasil

O Plano Nacional de Educação (PNE) é um plano decenal do Ministério da Educação (MEC) que estabelece diretrizes e metas para o desenvolvimento do setor no Brasil nos níveis federal, estadual e municipal. Ele foi aprovado pela Lei nº 13.005, de 25 de junho de 2014, e tem vigência até 2024, respondendo à previsão constitucional do Art. 214 (CF/1988), que exige a formulação de planos nacionais decenais para o setor.

Suas 20 metas, elaboradas em amplo diálogo com agentes públicos e privados e com a sociedade civil organizada, abrangem todos os níveis de ensino (da Educação Infantil ao Ensino Superior), versando ainda sobre questões relativas à educação no campo, indígena, inclusiva, formação, ao plano de carreira para educadores e à gestão de recursos para a educação, com especial atenção para as metas e atendimento de territórios indígenas remanescentes de quilombos e áreas rurais, por entender que esses são gargalos importantes para a superação da desigualdade social. O cumprimento dessas metas depende da capacidade de mobilização estratégica e do compromisso de instituições públicas e privadas do setor educacional, da consolidação de bases legais, da destinação de recursos – financeiros e humanos – para o setor e de uma agenda focada em monitoramento, avaliação e gestão estratégica.

Nesse sentido, todos os anos, os conselhos municipais, estaduais e federais de educação monitoram o cumprimento dessas metas, o que é consolidado em relatórios parciais.

Contudo, no início de 2020, exatamente no meio do período estipulado para o cumprimento do PNE, o relatório Plano Nacional de Educação: cinco anos de descumprimento, produzido pela Campanha Nacional pelo Direito à Educação, identificou que, das 20 metas, apenas quatro haviam sido atingidas, e parcialmente. Isso foi constatado antes mesmo do início da pandemia de covid-19, que forçou escolas a fechar, intensificou a evasão escolar e prejudicou o desenvolvimento pedagógico de milhões de alunos em todo o país.

- Você sabe quais são as diferentes competências e responsabilidades dos entes federativos para a educação?
- Reflita sobre os desafios de gestão de um plano como o PNE em um país com dimensões continentais e tanta diversidade sociocultural como o Brasil. Que tipo de variáveis os gestores de políticas públicas deveriam levar em consideração ao buscar a realização das metas?
- Levando em consideração os impactos da pandemia de covid-19, reflita sobre os atuais desafios para o cumprimento do plano. De que maneira(s) você acha que a desigualdade de recursos e oportunidades na educação afetará o cenário socioeconômico do país de maneira mais ampla nos próximos anos?

O MÉTODO DE ALFABETIZAÇÃO PAULO FREIRE

Em 2021, Paulo Freire completaria 100 anos. Bacharel em Direito e professor, o pernambucano é considerado patrono da educação brasileira, dá nome a mais de 350 escolas ao redor do mundo e figura entre os três autores da área de humanidades mais citados em trabalhos acadêmicos internacionalmente. O método de alfabetização Paulo Freire, desenvolvido a partir de uma experiência bem-sucedida no início dos anos 1960, é até hoje replicado em países como África do Sul, Áustria, Alemanha, Holanda, Portugal, Reino Unido, Estados Unidos e Canadá.

> Se a educação sozinha não transforma a sociedade, sem ela tampouco a sociedade muda.
>
> FREIRE, Paulo. **Pedagogia da Indignação**: cartas pedagógicas e outros escritos. São Paulo: Editora Unesp, 2000. p. 67.

Durante toda sua carreira como educador, Freire sempre defendeu e trabalhou pela conscientização do estudante: ele acreditava que o desenvolvimento do país dependia da participação ativa da população, que por sua vez se daria por meio da democratização do acesso à educação. No entanto, para ele, a educação não deveria ser "bancária", ou seja, uma educação na qual o professor, detentor do conhecimento, transmite informações para um aluno passivo. Ao contrário, Freire sempre defendeu o ensino a partir da experiência do aluno e de seu universo, uma experiência de aprendizagem a partir de uma via de mão dupla.

▲ Paulo Freire, importante educador brasileiro.
CLÓVIS CRANCHI SOBRINHO/ ESTADÃO CONTEÚDO/AE

A metodologia criada por Paulo Freire propunha que a alfabetização fosse feita a partir do ensino de fonemas que compusessem palavras do cotidiano dos alunos — em sua maioria, trabalhadores. A partir de uma experiência bem-sucedida na cidade de Angicos (RN), em 1963, na qual Freire e um grupo de professores sob sua coordenação alfabetizaram um grupo de 300 adultos em 40 horas, seu método de ensino revolucionário ganhou reconhecimento e projeção como uma estratégia potente para a alfabetização em massa de adultos.

* Reflita sobre seu dia a dia e tente listar cada uma das tarefas de sua rotina que demandam capacidade de leitura e compreensão textual. Você pode inserir, por exemplo, a leitura de rótulos de produtos no mercado ou no cardápio da cantina, pegar um ônibus, navegar na internet, ler um livro ou acompanhar uma disciplina da escola.

▼Imagem de trabalhadores durante a construção de Brasília, 1958.
KEYSTONE-FRANCE/GAMMA-KEYSTONE/GETTY IMAGES

A experiência de Paulo Freire em Angicos havia sido financiada pelo governo dos Estados Unidos, no âmbito do projeto Aliança para o Progresso. No contexto da Guerra Fria, os americanos acreditavam que a alfabetização seria uma forma de combater a ascensão socialista no Brasil e na América Latina, tese que foi aderida pelo governo brasileiro. Com o Golpe Militar de 1964, contudo, as coisas mudaram: com a ascensão dos militares ao poder, a educação de massas passou a ser mais orientada para a disciplina e menos para a emancipação do pensamento crítico, como defendia Paulo Freire. Exemplos de projetos desse período incluem os projetos Rondon e o Mobral.

* Pense em outros casos, registrados neste livro ou que você tenha aprendido na escola, que falem sobre o potencial transformador da educação ou do acesso à informação. Em sua opinião, a educação é revolucionária? De que maneira?

O paradigma do cuidado

O filósofo e educador colombiano Bernardo Toro, importante pensador da educação latino-americana, elaborou os Códigos da Modernidade, uma lista com as principais competências que devem ser estimuladas nos alunos para que eles possam estar preparados para a contemporaneidade. Entre as sete competências identificadas por Toro, há aquelas mais tradicionalmente reconhecidas no ambiente escolar, como o domínio da leitura e da escrita ou a capacidade de fazer cálculos e resolver problemas, mas há também competências cuja necessidade emerge de um contexto bem contemporâneo, como a capacidade de compreender e atuar em seu entorno social, perceber criticamente os meios de comunicação ou saber como localizar, acessar e usar melhor a informação.

Recentemente, Toro revisou os Códigos da Modernidade, sensibilizado pela crise ambiental, e, nesse contexto, incluiu o Paradigma do Cuidado, referente à importância do cuidado com o outro e com o meio ambiente, da consciência e da responsabilidade ambiental. Esse modo de lidar com o entorno de forma ampla pressupõe repensar a maneira como produzimos, consumimos e vivemos em sociedade, buscando uma convivência mais harmônica com a natureza.

- Em sua opinião, como podemos entender essas competências?
- Quanto elas estão relacionadas à profissão que você gostaria de seguir?

Apoiando o EJA

A educação no Brasil deu um importante salto quando, em 1998, foi implementado o programa **Toda Criança na Escola**. Para atingir as metas do programa, a rede pública de ensino foi expandida, sendo possível garantir que 97% das crianças em idade escolar estivessem matriculadas na Educação Básica no ano 2000. Apesar dessa importante conquista, sabemos que ainda há muito o que fazer para melhorar a realidade da educação no Brasil, tanto na qualidade do ensino quanto na permanência dos alunos na escola, já que são muitos os casos de crianças e adolescentes que a abandonam logo nos primeiros anos, o que tem como consequência o alto número de adultos que não chegaram a completar os estudos.

Monte, com seus colegas, uma pesquisa a ser feita na sua comunidade. Quantas pessoas vocês estimam que possam ter dificuldades de leitura e escrita? É muito importante não se esquecer que muitas pessoas se sentem envergonhadas de admitir que são analfabetas ou que têm dificuldades em uma – ou nas duas – habilidades, então a pesquisa precisa ser pensada de forma a diminuir a resistência dos participantes. Converse com os colegas e peça orientações aos professores para definir uma boa estratégia de entrevista, que não exponha ou constranja os entrevistados. Lembre-se de considerar a idade das pessoas que serão entrevistadas, perguntando não apenas sobre as habilidades que elas desenvolveram ou não mas também sobre como era a realidade da educação no país na época em que frequentavam a escola.

* Pesquise sobre o conceito de "analfabetismo funcional" e compartilhe suas descobertas com a turma. Procure buscar informações no *site* do Instituto Todos Pela Educação (todospelaeducacao.org.br), que analisa os dados do Instituto Brasileiro de Geografia e Estatística (IBGE).
* Ao analisar os dados resultantes da pesquisa, preste atenção a alguns possíveis padrões que podem se desenhar: Vocês identificaram mais homens ou mulheres que precisaram abandonar os estudos quando ainda estavam em idade escolar? Por que acham que isso aconteceu? Há mais brancos ou negros que não puderam seguir com os estudos? O que isso indica? Quais diferenças sobre a evolução do sistema de ensino foram perceptíveis de acordo com os relatos obtidos?
* Reflita, com seus colegas, sobre as principais motivações que levam jovens e adultos a voltar para a sala de aula.

Procurem acompanhar os passos listados a seguir.

1. Na sua escola, há uma sala de Ensino de Jovens e Adultos (EJA)? E no seu bairro? Se houver, procurem saber, com a direção e os professores, quantos alunos estão inscritos e como funciona o EJA na sua comunidade. Se possível, busquem alguns alunos matriculados no EJA e tentem entender as razões que os levaram a voltar à sala de aula.
2. Com base no que vocês ouviram, criem uma campanha para estimular outros jovens e adultos a se inscrever no EJA. Lembrem-se de que a campanha deve considerar a dificuldade de leitura de futuros alunos. Talvez um convite no formato de música ou peça de teatro possa ser bem-recebido pela comunidade.
3. Envolvam a direção do EJA e verifiquem a possibilidade de realizar essa campanha, discutindo um período para a realização da ação e um prazo razoável para medir seus impactos. Talvez vocês possam voltar ao EJA para confirmar se houve aumento nas matrículas.
4. Há algo mais que vocês possam fazer para apoiar os professores do EJA? Perguntem para os professores e a coordenação do programa.

▼ Na obra *Nosso Norte é o Sul* (2011), o artista japonês Yukinori Yanagi reflete sobre as relações sociopolíticas e culturais entre os países sul-americanos, questionando o conceito geopolítico de fronteiras, a noção de nação e o impacto social, cultural e humano dos movimentos migratórios. Em quadros estruturados com areia colorida – dentro de caixas plásticas e transparentes fixadas na parede e interligadas por tubos de resina de cloreto de vinil –, formigas vivas caminham, deixando suas marcas em cada bandeira, o maior símbolo de uma nação.

CAPÍTULO 2

Unidos pelas diferenças

Segundo o relatório anual *Tendências Globais* (*Global Trends*, 2020) emitido pelo Alto-Comissariado das Nações Unidas para os Refugiados (Acnur), 79,5 milhões de pessoas vivem longe de suas casas por razões alheias à sua vontade. Isso é mais de 1% da população mundial. São vários os fatores que obrigam as pessoas a abandonar seus lares: ameaças políticas, crises sociais e econômicas, mudanças climáticas, perseguição étnica e religiosa etc.

Tão grave quanto a intensificação desses fluxos migratórios é a persistência das razões para o deslocamento, forçando refugiados e asilados a permanecer indefinidamente distantes de suas casas, seus territórios e suas culturas. Sem a possibilidade da migração de retorno, centenas de milhares acabam se estabelecendo em novos territórios, em condições muitas vezes adversas. Esses fluxos, temporários ou permanentes, transformam a vida dos migrantes, as sociedades das quais partem e nas quais ingressam.

Este capítulo aborda dois temas intimamente relacionados na contemporaneidade: movimentos migratórios e o direito ao trabalho digno. A reflexão passa pelo mapeamento de direitos e violações e suas consequências sobre a vida de indivíduos e famílias – bem como seus efeitos estruturais sobre o mundo contemporâneo.

TÓPICO 1

Autossuficiência e realização

O que você ama? Com o que você trabalha?

ARTIGO DE LEI

1. Toda pessoa tem direito ao trabalho, à livre escolha do trabalho, a condições equitativas e satisfatórias de trabalho e à proteção contra o desemprego.

2. Todos têm direito, sem discriminação alguma, a salário igual por trabalho igual.

3. Quem trabalha tem direito a uma remuneração equitativa e satisfatória, que lhe permita e à sua família uma existência conforme com a dignidade humana, e completada, se possível, por todos os outros meios de proteção social.

4. Toda pessoa tem o direito de fundar com outras pessoas sindicatos e de se filiar em sindicatos por defesa de seus interesses.

ARTIGO 23º DA DECLARAÇÃO UNIVERSAL DOS DIREITOS HUMANOS

O que todos temos em comum? Precisamos comer e dormir, queremos nos divertir e fazer planos para o futuro, merecemos escolher como nos vestir e buscar assistência médica se ficarmos doentes. Nos dias de hoje, em nosso país e no resto do mundo, para conseguir obter o necessário para sobreviver e, se possível, viver bem, é preciso dinheiro. Salvo raríssimas exceções, o dinheiro é a contrapartida recebida por conta da execução de uma tarefa. Ou seja, para viver, precisamos de dinheiro, para ter dinheiro, precisamos trabalhar. Por isso discutir o trabalho é tão importante: todos nós dependemos dele e muito provavelmente dedicaremos a maior parte das horas dos nossos dias a ele, pelo menos até a aposentadoria.

Mas o trabalho pode ser muito mais do que o simples meio de obtenção dos recursos financeiros necessários à manutenção de nossa vida. Por meio dele, podemos aprender, descobrir novos interesses e paixões, desenvolver e transformar nossa personalidade, nossos planos e nossa visão de mundo, conhecer e nos conectar com outras pessoas, podendo, enfim, influenciá-las. Com o nosso trabalho, podemos gerar impactos profundos em nosso entorno, na nossa sociedade, no mundo. Parece exagerado?

O nosso trabalho, ou as tarefas em que empregamos energia, esforço e criatividade, pode ser muito mais do que nosso ganha-pão. Encontrar algo que amamos fazer e que nos traz realização não é uma utopia, é um direito humano.

▶ Podemos pensar em diversas pessoas de diferentes áreas que são reconhecidas pelo seu trabalho. Marie Skłodowska-Curie (Foto 1), física e química polonesa, foi a primeira mulher a ganhar o Prêmio Nobel, a primeira pessoa a recebê-lo duas vezes e a única a ser premiada em dois campos científicos distintos. Sua pesquisa resultou na teoria da radioatividade e na descoberta dos elementos químicos polônio e rádio. A biomédica brasileira Jaqueline Goes de Jesus (Foto 2) liderou o sequenciamento do genoma de uma variante da covid-19 no Brasil e, ao lado de outras cinco profissionais, serviu de inspiração para a criação de uma edição especial de bonecas em homenagem a mulheres que fizeram a diferença na luta contra o coronavírus. Regina Tchelly (Foto 3), cozinheira paraibana e moradora do Morro da Babilônia (Leme, RJ) criou o Projeto Favela Orgânica (2011) para combater o desperdício de alimentos nas casas da comunidade. O objetivo de Regina era trazer um diferencial à profissão e compartilhar informações e receitas.

ALBERT HARLINGUE/ROGER-VIOLLET/AFP
TIAGO QUEIROZ/ESTADÃO CONTEÚDO/AE
FOC KAN/WIREIMAGE/GETTY IMAGES

* Pense em alguém que você admira. O que, na história de vida dessa pessoa, gerou essa admiração? Há uma grande chance de você ter pensado nessa pessoa em particular por admirá-la profissionalmente, ou seja, por valorizar os frutos do seu trabalho. Você concorda que isso costuma ocorrer?

* Agora pense em pessoas do seu círculo pessoal que lhe fazem bem: uma professora ou outro funcionário da escola, alguém de sua casa. É possível que parte dessa sensação boa tenha a ver com o fato de ela amar o que faz? Não seria maravilhoso se todas as pessoas pudessem se realizar por meio do próprio trabalho?

Ikigai, ou pelo que levantamos todas as manhãs?

Ikigai é uma palavra japonesa, sem tradução direta para o português, explicada pelo neurocientista japonês Ken Mogi como "a razão de viver" de cada indivíduo. O termo é originário da região de Okinawa, um arquipélago de ilhas no sul do Japão que tem uma das populações mais longevas do mundo. Uma das hipóteses para a alta expectativa de vida da região é justamente o sentido de propósito que seus habitantes têm. De acordo com Mogi, autor do livro *Ikigai: os cinco passos para encontrar seu propósito de vida e ser mais feliz*, a obsessão com o sucesso profissional pode ser intimidadora, muitas vezes nos impedindo de apreciar processos e pequenas conquistas que vivenciamos ao longo da vida.

A ideia central desse conceito é a de que, para realizarmos nosso propósito, precisamos encontrar o equilíbrio entre quatro grandes campos: o que amamos fazer, o que fazemos bem, o que podemos fazer pelo mundo e pelo que podemos ser remunerados. Se conseguirmos encontrar uma atividade que satisfaça simultaneamente a todos esses campos, encontramos nosso *ikigai*, nosso propósito maior. Parece difícil? Veja o esquema ao lado e note que o *ikigai* é representado na intersecção entre paixão, missão, profissão e vocação, ou seja, reflete o ponto de equilíbrio entre paixões, talentos, contribuições para o mundo e realização financeira. As informações apresentadas em colchetes (intersecções entre duas pétalas) apontam conquistas e ausências; quando pensamos no equilíbrio de nossas necessidades e desejos, é importante também levarmos em consideração do que abrimos mão ao tomar certas decisões.

IKIGAI

Conceito japonês que significa "motivação para viver, razão para ser"

Fonte: Toronto Star Graphic / Dreamstime. Tradução: Agro Talento.

▶ SILVANA MARTINS

A PIRÂMIDE DE MASLOW: OUTRO JEITO DE ENTENDER NOSSAS NECESSIDADES

Você já sabe o que deseja fazer depois de se formar no Ensino Médio? Se a sua ideia é cursar uma graduação e se por acaso você tem interesse em Psicologia, Administração ou Marketing, certamente irá se deparar com a Pirâmide de Maslow. Ela é um esquema visual de apresentação da hierarquia das necessidades, desenvolvido na década de 1950 pelo psicólogo e pesquisador americano Abraham H. Maslow (1908-1970). A ideia é identificar o conjunto de condições necessárias para que um indivíduo sobreviva e alcance sua satisfação pessoal e/ou profissional. Uma concepção muito parecida com a do *ikigai*, não?

Segundo Maslow, nós somos movidos pela busca por satisfazer determinadas necessidades; por isso, é a garantia dessas necessidades que nos motiva a viver, trabalhar e planejar. Ainda que essas necessidades variem de pessoa para pessoa, elas podem ser agrupadas em algumas categorias comuns, universais. Não só isso: é possível ordená-las de maneira hierarquizada, conforme seu grau de complexidade.

Para gestores, estudar a pirâmide é uma maneira de entender os graus de motivação dos funcionários: de nada adianta convidar os trabalhadores de uma fábrica a desenvolver sua criatividade por meio do engajamento em soluções de problemas complexos se eles temem pela própria estabilidade trabalhista ou se não ganham o suficiente para prover às necessidades básicas de suas famílias. A proposta de hierarquização de Maslow busca dar ordenamento a algo que, intuitivamente, talvez já soubéssemos: sem a garantia do básico, é muito difícil conseguirmos nos dedicar à satisfação de necessidades psicológicas e à realização pessoal.

Veja o agrupamento proposto por Maslow.

Fonte: A teoria da motivação humana, Abraham Maslow, 1943.

▶ SILVANA MARTINS

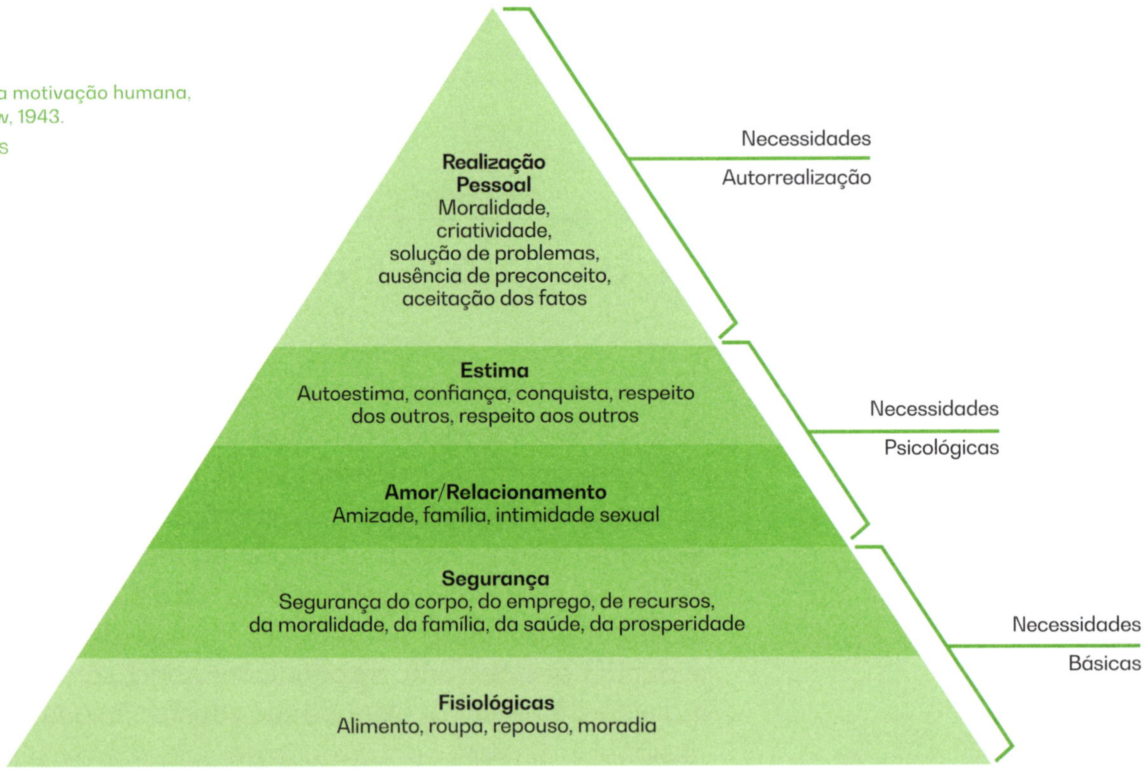

* Todas as pessoas, independentemente da profissão, têm direito à realização pessoal? Por quê?
* De que maneira ocorre a relação entre nível de escolaridade, renda e satisfação profissional de um trabalhador? O que isso pode nos dizer sobre igualdade de direitos no país?

Anne Catadora e a valoração de todo trabalho

ARTIGO DE LEI

1. Toda pessoa, individual ou coletiva, tem direito à propriedade.

2. Ninguém pode ser arbitrariamente privado da sua propriedade.

ARTIGO 17º DA DECLARAÇÃO UNIVERSAL DOS DIREITOS HUMANOS

Com mais de 90 mil seguidores no Instagram no perfil @annecatadora e outros cinco mil no perfil de seu projeto social, @perfum.a.dor, voltado à promoção da autoestima de outras catadoras, Anne tornou-se porta-voz de uma classe profissional historicamente invisibilizada, mas essencial à dinâmica dos grandes centros urbanos e da própria sustentabilidade socioambiental.

Leia a seguir um trecho de uma reportagem publicada na *Vogue Brasil* em junho de 2021.

Heroína da ecologia: a história da catadora Anne Caroline

Segundo Anne, os catadores são responsáveis por aproximadamente 90% do material reciclado no Brasil, mas a sociedade não os enxerga como prestadores de serviço. [...]

"[...] estou fazendo um trabalho importantíssimo para a sociedade e para o meio ambiente, mas o que recebemos em troca é violência, preconceito e exclusão. Eu carrego uma classe comigo. Tenho responsabilidade de representar. Todos somos educadores. [...]"

Para se alcançar uma mudança efetiva é necessário políticas públicas, responsabilidade do setor privado [...], mas também da sociedade como um todo. "Consumir de forma consciente é o primeiro passo. Precisamos saber o que estamos comprando [...]. As pessoas precisam enxergar o catador como profissional, precisamos ter uma remuneração justa. E, assim, podemos ser felizes fazendo nosso trabalho."

SIMON, Fernanda. Heroína da ecologia: a história da catadora Anne Caroline. **Vogue**, São Paulo, 5 jun. 2021. Disponível em: https://vogue.globo.com/Sustentabilidade/noticia/2021/06/heroina-da-ecologia-historia-da-catadora-anne-caroline.html. Acesso em: 18 jan. 2022

▲Anne Caroline Barbosa, catadora de lixo reciclável, achou no trabalho uma forma de se livrar das drogas. Ela usa as redes sociais para conscientizar outras pessoas sobre a importância da reciclagem e do trabalho de catadores.
GIOVANNA LIMA/LIIT STUDIO

* Anne Caroline tornou-se porta-voz de uma classe invisibilizada e, como tal, denuncia a precariedade do dia a dia do trabalho de seus colegas catadores. Com base nas informações fornecidas pela reportagem, reflita: Quais necessidades e direitos desses trabalhadores não estão sendo cumpridos?

De onde vêm nossos direitos?

O acesso a condições decentes de trabalho está na base das garantias dos direitos individuais, pois assegura subsídios básicos ao desenvolvimento econômico das famílias. Muitos países adotam legislações trabalhistas com o intuito de garantir à classe trabalhadora as condições mínimas para uma vida decente.

Limite de horas, direito a descanso e lazer, salário mínimo, direito à indenização em caso de acidente ou morte no trabalho, resguardo diante de condições insalubres, proibição do trabalho infantil e direito à licença-maternidade: embora essas regras pareçam partir do bom senso, elas na verdade resultaram de muita luta e pressão política ao longo da história em vários países.

▼ Ilustração dos Estados Unidos durante a Revolução Industrial, 1873, cidade de Pitsburgo, na Pensilvânia.
CAMPWILLOWLAKE/ISTOCKPHOTO.COM

A gênese dos direitos trabalhistas remonta à Primeira Revolução Industrial e aos seus dramáticos efeitos socioeconômicos sobre a sociedade inglesa do século XVIII. O processo, impulsionado pelo desenvolvimento da máquina a vapor e pela mecanização da produção, transformou profundamente as relações de trabalho, a escala e o ritmo da produção fabril na Europa.

Com o desenvolvimento da locomotiva, no início do século XIX, distâncias foram encurtadas, permitindo a intensificação dos fluxos de produção entre territórios outrora inacessíveis. Se, por um lado, essas transformações contribuíram para o desenvolvimento tecnológico acelerado, para aumento e diversificação da produção, para transformações profundas no modo de vida e padrões de consumo da sociedade, por outro, esse novo modelo econômico-produtivo precarizou as condições de trabalho, esmagando a classe proletária e estabelecendo um novo patamar de discrepância socioeconômica entre as classes sociais que se formavam.

A precarização do trabalho não se manifestava apenas na redução dramática dos salários mas também na jornada e nas condições de trabalho. A historiografia resgata relatos de jornadas extenuantes, de até 16 horas diárias e sem pausas, em condições insalubres, e trabalho infantil envolvendo crianças a partir de 6 anos.

Não havia legislação trabalhista que resguardasse os direitos dos trabalhadores nem restringisse condições para contratações: acidentes de trabalho eram frequentes, e não existia qualquer tipo de indenização que desse segurança ao trabalhador em caso de afastamento ou invalidez. Mulheres, idosos e crianças eram submetidos a jornadas semelhantes, sem direito a férias, descanso semanal ou garantia de salário mínimo.

Mas, então, como evoluímos dessa situação para um sistema de garantias que resguarda os direitos dos trabalhadores? Por meio de muita pressão política e luta por direitos. Não por acaso, nas aulas sobre a Revolução Industrial, é comum que conteúdos sobre o ludismo (1811-1812) e o cartismo (décadas de 1830 e 1840) sejam abordados. Eles foram os primeiros movimentos operários a surgir como reação às intensas transformações produtivas e trabalhistas do período. O ludismo era orientado pela negação aos avanços tecnológicos da época: integrantes do movimento organizavam-se para invadir fábricas e destruir os maquinários, pois acreditavam que a automação dos processos produtivos destruía empregos.

Embora tenha sido um movimento breve e bastante limitado em termos de retórica e consequências políticas, podemos apontá-lo como o primeiro movimento operário de reivindicação por direitos. Mais de 200 anos depois, o mesmo raciocínio se manifesta em outros contextos socioeconômicos, tanto que a expressão "ludita" existe até hoje para se referir aos que se opõem à industrialização ou à incorporação de novas tecnologias.

- Você já ouviu falar sobre a legislação trabalhista em nosso país? Sabe como ela funciona?
- Pesquise, com seus colegas de sala, a legislação vigente, tentando identificar que direitos ela assegura e se há diferenças entre as garantias oferecidas para cada classe profissional.

▲ William Bell Scott. *Ferro e carvão* (detalhe), 1855-1860. Óleo sobre tela, 188 cm × 188 cm.
NATIONAL TRUST, REINO UNIDO/WIKIPEDIA.ORG

Mas a ideia de um agente externo que ameaça o emprego, a estabilidade e os direitos de uma parcela da população não é prerrogativa só de quem é contra a automação de processos. Como será abordado no capítulo sobre processos migratórios, a mesma estrutura de raciocínio pode ser vista em movimentos ultradireitistas, que identificam nos estrangeiros a causa da diminuição de empregos, por exemplo. Logicamente, a situação fica bem mais grave quando o alvo de desconfiança e ódio é um ser humano e não o maquinário de uma fábrica. Ainda assim, é interessante comparar as semelhanças nos argumentos.

O cartismo, por sua vez, tinha caráter essencialmente político. O nome deriva da Carta do Povo (1837), um documento composto de seis petições entregue pelo movimento ao Parlamento inglês em 1838. Em linhas gerais, o movimento demandava o sufrágio universal masculino, o voto secreto e a periodicidade das eleições. O documento solicitava ainda que os membros do Parlamento fossem remunerados – o que possibilitaria a candidatura de operários. Em resumo, o cartismo percebia a necessidade de representatividade política para garantir respostas às demandas da classe operária em formação. Embora o movimento tenha se desintegrado antes que seus pleitos fossem aceitos, as primeiras leis de proteção trabalhista foram aprovadas por sua influência, como regras de proteção ao trabalho feminino e infantil e a limitação da jornada de trabalho para dez horas diárias.

Outros movimentos trabalhistas surgiram no mesmo período. Os *trade-unions*, antecessores dos sindicatos, eram associações de operários organizadas para fortalecer as demandas por melhores condições de trabalho e garantias de direitos mínimos. Como sabemos, a organização sindical existe até hoje, em diferentes categorias e na maioria dos países. Mas os sindicatos não são as únicas entidades orientadas para a defesa das pautas trabalhistas de cada categoria, e essa tampouco é a única função social dessas organizações.

▼Greve no século XIX: o grande comício cartista em Kennington Common, Inglaterra, em 10 de abril de 1848 (à esquerda). Greve no século XXI: motoristas de ônibus e cobradores em greve na cidade de São Paulo, em 6 de setembro de 2019 (à direita).

ROYAL COLLECTION, REINO UNIDO/WIKIPEDIA.ORG · NELSON ALMEIDA/AFP

✻ Reflita sobre as demandas trabalhistas do passado e do futuro. Em sua opinião, quais desafios e dinâmicas transformarão o mercado de trabalho nos próximos anos?

Rápida retrospectiva do Direito do Trabalho no Brasil

A Consolidação das Leis do Trabalho (1943), aprovada pelo Decreto-Lei nº 5.452 no governo Getúlio Vargas, unificou toda a legislação trabalhista vigente até então no sistema jurídico brasileiro, regulamentando o trabalho urbano e rural. A CLT veio dois anos depois da criação da Justiça do Trabalho, estabelecida para resguardar os direitos dos trabalhadores e mediar o diálogo referente às relações individuais e coletivas do trabalho. Por ter sido aprovada em um momento no qual a população era predominantemente rural, o documento foi vanguardista, tendo antecipado a resposta do poder público aos conflitos resultantes de dinâmicas urbanas.

A CLT tem quase 80 anos. Por conta dessa longevidade, há tempos, muitas críticas e esforços no sentido de modernizar as leis do trabalho para um contexto mais contemporâneo têm sido travados. Em 2017, uma reforma trabalhista alterou mais de 100 pontos da CLT. Mas ela não é o único dispositivo jurídico que regula e orienta as relações trabalhistas no Brasil.

Observe na página seguinte a linha do tempo produzida com base em dados retirados de reportagem da *Jusbrasil* para entender como as diferentes constituições federais que tivemos, desde os anos 1930, também contribuíram para a atualização da legislação trabalhista vigente no país.

* Leis como a CLT devem se transformar ao longo do tempo? Pesquise essa reforma trabalhista e debata com seus colegas o que mudou e o que ficou igual.
* Vocês concordam com os pontos alterados na CLT?
* Você acredita que a sociedade deve participar desse processo? Como?

1934

A Constituição federal de 1934 instituiu a Justiça do Trabalho, o salário mínimo, a jornada de trabalho de oito horas, o repouso semanal, as férias anuais remuneradas e a indenização por dispensa sem justa causa. Sindicatos e associações profissionais passaram a ser reconhecidos.

MANIFESTAÇÃO DE APOIO AO ESTADO NOVO, DE GETÚLIO VARGAS.
ACERVO ICONOGRAPHIA

1944

Dez anos após o governo getulista instituir a CLT, impulsionando um processo acelerado de modernização no país, ainda há brasileiros passando fome.

1946

A Assembleia Constituinte de 1946 reconheceu o direito de greve e o direito ao repouso remunerado aos domingos e feriados. Também concedeu estabilidade aos trabalhadores rurais.

1967

A Constituição federal de 1967 estendeu os direitos trabalhistas até então conquistados aos trabalhadores temporários. Garantiu o direito dos trabalhadores na participação dos lucros das empresas, mas por outro lado proibiu as greves em atividades essenciais. Limitou a idade mínima para o trabalho em doze anos.

ULYSSES GUIMARÃES, presidente da Assembleia Nacional Constituinte (1987-88), ergue exemplar da Constituição federal (Brasília, 1988). Trata-se de livro-obra, produzida em papel artesanal e capa de pau-brasil pelo artista plástico brasileiro Otávio Roth (1952- 1993).
ANDRE DUSEK/ESTADÃO CONTEÚDO/AE

1988

A Constituição federal de 1988, vigente até hoje, estendeu a licença maternidade para 120 dias e instituiu a licença-paternidade; limitou a jornada de trabalho em oito horas diárias (ou até 44 horas semanais) e proibiu a discriminação remuneratória contra pessoas com deficiência. Ainda resguardou os trabalhadores contra demissões arbitrárias, ou seja, sem justa causa.

A Quarta Revolução Industrial

A Quarta Revolução Industrial começou por volta de 2014, quando a indústria sofreu mudanças profundas com a instauração de fábricas inteligentes e gestão de produção *on-line*. É considerada a maior revolução de tecnologia desde a Primeira Revolução Industrial, no século XVIII, por afetar a forma de vida, de trabalho e as relações humanas. Segundo relatório emitido pelo Fórum Econômico Mundial de 2016, são sete os países pioneiros nessa revolução: Singapura, Estados Unidos, Finlândia, Israel, Holanda, Noruega e Suécia.

▼ A Quarta Revolução Industrial é marcada por automação e avanços tecnológicos.
BLUE PLANET STUDIO/SHUTTERSTOCK.COM

Nesse período, surgiram soluções de conectividade, avanços científicos que beneficiam a medicina, a indústria e a produção energética, sistematização de processos, aceleração de fluxos econômico-financeiros, melhorias na capacidade de armazenamento de dados etc. Alguns exemplos dessas tecnologias e soluções incluem a Internet das Coisas, *cobots*, realidade aumentada e realidade virtual, Big Data, impressão 3D e 4D e tiveram um impacto grande em praticamente todas as esferas de nossa vida, todas as áreas do conhecimento e todos os setores econômicos.

Mas será que esses impactos são sempre positivos?

O que é a 4ª revolução industrial

No final do século 17 foi a máquina a vapor. Desta vez, serão os robôs integrados em sistemas ciberfísicos os responsáveis por uma transformação radical. E os economistas têm um nome para isso: a quarta revolução industrial.

Os "novos poderes" da transformação virão da engenharia genética e das neurotecnologias, [...] [e afetarão] o mercado de trabalho, o futuro do trabalho e a desigualdade de renda. Suas consequências impactarão a segurança geopolítica e o que é considerado ético.

[...] Também chamada de 4.0, a revolução acontece após três processos históricos transformadores, [...] a quarta mudança traz consigo uma tendência à automatização total das fábricas[...].

A automatização acontece através de sistemas ciberfísicos, que foram possíveis graças à internet das coisas e à computação na nuvem.

Os sistemas ciberfísicos, que combinam máquinas com processos digitais, são capazes de tomar decisões descentralizadas e de cooperar – entre eles e com humanos – mediante a internet das coisas.

O que vem por aí, dizem os teóricos, é uma "fábrica inteligente". O princípio básico é que as empresas poderão criar redes inteligentes que poderão controlar a si mesmas.

Os números econômicos são impactantes: segundo calculou a consultora Accenture em 2015, uma versão em escala industrial dessa revolução poderia agregar 14,2 bilhões de dólares à economia mundial nos próximos 15 anos. [...] Mas esses também serão os causadores da parte mais controversa da quarta revolução: ela pode acabar com cinco milhões de vagas de trabalho nos 15 países mais industrializados do mundo.

PERASSO, Valéria. O que é a 4ª revolução industrial – e como ela deve afetar nossas vidas. **BBC News Brasil**, São Paulo, 22 out. 2016. Disponível em: https://www.bbc.com/portuguese/geral-37658309. Acesso em: 18 jan. 2022.

- A partir das informações apresentadas na reportagem da *BBC News*, reflita com seus colegas sobre os possíveis efeitos sociais e econômicos da 4ª Revolução Industrial no mercado de trabalho e no mercado de consumo no Brasil.
- Você acha que a 4ª Revolução tem o potencial de aumentar ou de diminuir as desigualdades em nosso país? Justifique sua resposta.

A precarização do trabalho

É 2026. O mundo é governado por uma elite industrial. Metrópolis é reluzente, próspera, cheia de arranha-céus imponentes. A energia da cidade é fornecida por uma classe operária que vive no subterrâneo e opera as máquinas que mantêm a cidade em funcionamento. Esse é o pano de fundo do filme *Metrópolis* (1927), obra-prima do cinema e grande referência do gênero de ficção científica, que continua eficiente em transmitir uma narrativa distópica e fantástica sobre a industrialização e urbanização, os conflitos de classes e os sentimentos humanos em meio aos avanços da tecnologia.

Hoje, nossas cidades parecem muito distantes da reluzente cidade retratada em *Metrópolis*. Mas algumas tensões sociais propostas pelo filme persistem. Um paralelo contemporâneo, que não por acaso também utiliza recursos de perspectiva, separação de espaços e níveis de altura para diferenciar classes sociais, é o filme coreano *Parasita* (2019), que retrata a relação entre uma família rica e uma família pobre, unidas por relações empregatícias e sentimentos ambíguos de admiração e rancor.

▼ Pôster do filme *Parasita* (2019), de Joon Ho Bong.
BARUNSON E&A CORP

Cada filme busca expor, à sua maneira, relações de poder perpetradas através de relações de trabalho. E embora *Parasita* pareça ser menos ingênuo e, em alguma medida, mais realista, as obras se assemelham pela intenção de retratar o trabalho ou o trabalhador em situação degradante.

Mas, se o operário no chão de fábrica e o prestador de serviços domésticos continuam representando uma parcela expressiva da força produtiva, uma outra categoria de trabalhadores tem emergido nos últimos anos com muita presença nas cenas urbanas – e muitos desafios também. Trata-se de um exército de trabalhadores informais que materializa

▶ Pôster do filme *Metrópolis* (1927), de Fritz Lang.
HEINZ SCHULZ-NEUDAMM/PARAMOUNT/UFA

▶ Como forma de pressionar as empresas de entrega por melhores condições de trabalho, durante a pandemia de covid-19, motociclistas se mobilizaram em protestos.
GUSTAVO BASSO/NURPHOTO/AFP

o principal efeito da "economia compartilhada", uma dinâmica na qual grandes empresas intermedeiam as transações comerciais entre clientes que pagam por serviços e trabalhadores que oferecem seus serviços por hora. Resumidamente, esse processo de informalização – popularmente denominado "uberização" – resulta na precarização da mão de obra de prestadores de serviços como entregadores e motoristas de aplicativos, que não possuem vínculo empregatício com as plataformas e assumem individualmente custos, riscos e responsabilidades.

- Você já conhecia a expressão "uberização da economia"?
- Talvez você tenha visto recentemente, no noticiário ou em redes sociais, informações sobre protestos ou greves de entregadores ou motoristas de aplicativos. Você sabe identificar quais são as demandas desses trabalhadores?
- Você enxerga os negócios de aplicativos como armadilhas ou oportunidades? Se você respondeu "armadilhas", o que precisaria ser feito para que essa revolução digital se transformasse em oportunidades tanto para empresas e clientes quanto para trabalhadores? Se você respondeu "oportunidades", tente apresentar argumentos contra os pontos negativos geralmente associados a esse tipo de aplicativo.

Problema do passado, problema do presente

ARTIGO DE LEI
Toda pessoa tem direito ao repouso e aos lazeres, especialmente, a uma limitação razoável da duração do trabalho e das férias periódicas pagas.
ARTIGO 24º DA DECLARAÇÃO UNIVERSAL DOS DIREITOS HUMANOS

A "uberização da economia" é um fenômeno contemporâneo que tem mobilizado a atenção de analistas das relações de trabalho e da sociedade civil em geral. Mas é importante lembrar que a precarização do trabalho é um fenômeno mais amplo e antigo, que se manifesta em diferentes gradações, contemplando inclusive situações análogas à escravidão, nas quais direitos básicos – como o acesso a alimentação, moradia e vestimentas decentes, assistência médica e remuneração – são restritos parcial ou integralmente.

Segundo o Art. 149 do Código Penal, alterado pela Lei nº 10.803 (2003), a condição análoga à escravidão ocorre quando o indivíduo é submetido "a trabalhos forçados ou a jornada exaustiva, quer sujeitando-o a condições degradantes de trabalho, quer restringindo, por qualquer meio, sua locomoção em razão de dívida contraída com o empregador ou preposto". A Portaria MTB 1129/2017, publicada pelo Ministério do Trabalho, elenca e define em mais detalhes as condições que configuram o trabalho forçado ou degradante, a jornada exaustiva e as condições análogas à escravidão. A pena para quem comete esses tipos de crime varia de dois a oito anos de reclusão e pode se somar a outras penas, conforme a violência empregada, com agravante em caso de vítimas crianças ou adolescentes ou por motivo de preconceito de raça, cor, etnia, religião ou origem.

> Nas mesmas penas incorre quem cerceia o uso de qualquer meio de transporte por parte do trabalhador, com o fim de retê-lo no local de trabalho; ou mantém vigilância ostensiva no local de trabalho ou se apodera

de documentos ou objetos pessoais do trabalhador, com o fim de retê-lo no local de trabalho.

BRASIL. Ministério do Trabalho e Previdência Social. **Portaria MTB 1.129/2017**. Dispõe sobre as regras relativas ao Cadastro de Empregadores que tenham submetido trabalhadores a condições análogas à de escravo. Brasília, DF: MTPS, 2016.

Só em 2021, foram 1937 pessoas resgatadas – de 1995 a julho de 2022, a inspeção do trabalho resgatou, em todo o território nacional, 58 166 vítimas, das quais 45 253 estavam sujeitas ao trabalho escravo rural e 12 913 ao trabalho escravo urbano. Oficialmente, a fiscalização contra esses crimes é feita pelo Ministério Público do Trabalho, mas, segundo o Sindicato Nacional de Auditores Fiscais do Trabalho (Sinait), faltam recursos, profissionais e apoio administrativo para ampliar o escopo do trabalho e o número de operações, por isso, conta-se também com denúncias que podem ser feitas por qualquer pessoa pela internet ou pelo telefone (Disque 100) de maneira sigilosa.

Diante de um cenário de crise econômica, com altos índices de desemprego e aumento da fome no país, as situações de exploração do trabalho tendem a se agravar especialmente, já que a população em situação de vulnerabilidade social se torna mais suscetível à exploração de terceiros. Vale lembrar que, em 2018, o Brasil voltou ao Mapa da Fome e, em 2021, registrava mais de 125,2 milhões de pessoas (58,7% da população) convivendo com algum grau de insegurança alimentar. Naquele ano, o país contabilizava mais de 14 milhões de desempregados (IBGE).

Apesar de ser uma situação completamente inaceitável, o trabalho escravo não é, contudo, um problema exclusivo do Brasil. Ao redor do mundo, estima-se que mais de 40,3 milhões de pessoas vivam em escravidão moderna, das quais ¼ são crianças. A exploração se manifesta predominantemente em trabalhos domésticos e de construção, pesca e agricultura, comércio varejista, setor têxtil e mineração, além do tráfico e do comércio sexual. De acordo com a Organização Internacional do Trabalho (OIT), na indústria sexual, mais de 80% das vítimas são mulheres e meninas.

ARTIGO DE LEI

Ninguém será mantido em escravidão ou servidão; a escravidão e o tráfico de escravos serão proibidos em todas as suas formas.

ARTIGO 4º DA DECLARAÇÃO UNIVERSAL DOS DIREITOS HUMANOS

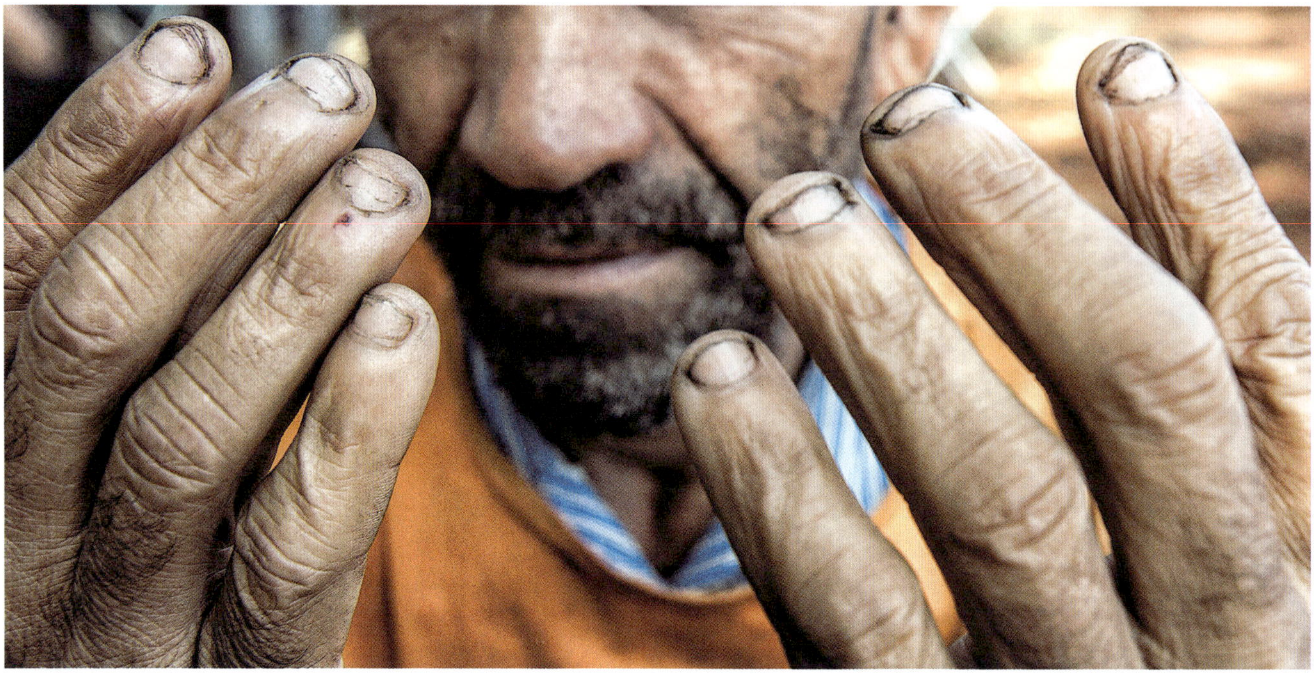

A Organização Internacional do Trabalho – OIT

▲ ORGANIZAÇÃO INTERNACIONAL DO TRABALHO, SUIÇA

◀ Série fotográfica de Sérgio Carvalho que documenta situações degradantes de trabalhos análogos à escravidão.
SÉRGIO CARVALHO

A portaria MTB 1.129/2017, citada na seção anterior, dialoga com convenções internacionais e legislações nacionais, como a Convenção sobre a Escravatura de Genebra (1966), a Convenção Americana sobre Direitos Humanos (1992), a Lei nº 7.998 (1990) e a Lei nº 10.608 (2002). Além disso, ela também tem forte relação com as normas e recomendações estabelecidas pela Organização Internacional do Trabalho (2019), organismo internacional tripartite do qual o Brasil é signatário.

Fundada em 1919, a OIT tem representantes do setor público, privado e de organizações de trabalhadores de 187 países. Seu pressuposto é o de que o trabalho decente seja precondição para a superação da pobreza, para a redução das desigualdades sociais e econômicas e para manutenção da estabilidade democrática e do progresso social e sustentável. Para isso, ela tem a missão de assegurar o cumprimento de regras básicas que garantam condições decentes de trabalho para homens e mulheres, em todos os países, o que se dá através do fortalecimento do diálogo, da definição e da promoção de normas, do fomento à geração de emprego e renda e da definição e proteção dos direitos dos trabalhadores.

A organização atua em cooperação com governos de diversos países. No Brasil, a representação da OIT se articula à administração federal para promover programas nacionais de combate ao trabalho infantil, ao trabalho escravo e à discriminação no mercado de trabalho, bem como para divulgar campanhas de promoção da igualdade racial e de gênero e de incentivo ao trabalho juvenil.

Qual é o seu propósito?

Você já pensou a respeito da profissão que deseja seguir ou se questionou sobre o seu propósito de vida? Não há dúvida de que os trabalhos que você exercerá ou a profissão que seguirá ao longo de sua vida adulta têm grande potencial de influenciar sua trajetória. É possível que você já tenha clareza sobre a área em que deseja trabalhar e, para conseguir um emprego compatível com essa expectativa, esteja se preparando para trilhar o caminho necessário. Mas, às vezes, de maneira planejada ou em função das circunstâncias, pode acontecer de esse caminho não ser como esperado e, apesar de você estar se preparando para uma carreira específica, pode acabar trabalhando com algo totalmente diferente do que imagina hoje. Seja como for, pensar a respeito de seus planos para o futuro e manter sempre a mente aberta a novos contextos é fundamental, já que a vida é uma mistura interessante de escolhas, oportunidades e desafios, que muitas vezes são imprevisíveis.

Para poder responder a essas perguntas, o primeiro passo é pensar no que você gosta de fazer ou em habilidades e conhecimentos que tem ou gostaria de desenvolver e adquirir no futuro.

Mesmo que você já tenha consciência de suas próprias competências e habilidades e até saiba o que gostaria de estudar no futuro, como será que esses conhecimentos serão aplicados, de maneira prática, na profissão que você escolheu?

Refletir sobre essas questões é um importante exercício de autoconhecimento que pode ajudar na identificação clara do seu *ikigai*. Por isso, pegue um papel e uma caneta e dedique os próximos minutos a uma reflexão individual, respondendo às perguntas abaixo:

- O que você mais gosta de fazer?
- O que você faz muito bem?
- Que tipo de atividade você teria condições de fazer e ser justamente remunerado por isso?
- O que você pode fazer para tornar o mundo melhor?

Consulte novamente o início deste capítulo para relembrar o formato do desenho proposto na construção do seu *ikigai* e copie-o em seu caderno. Insira suas respostas dentro da estrutura e identifique os pontos em que elas se encontram. Se você tiver feito uma autoanálise cuidadosa na etapa anterior, terá mais facilidade em identificar, a partir das intersecções do diagrama, sua paixão, sua profissão, sua vocação e sua missão no mundo.

Lembre-se de que nossas percepções e desejos podem mudar muito ao longo da vida, da mesma maneira que nossas habilidades e competências evoluem. Por isso, esse exercício pode ser repetido muitas vezes, sempre que você sentir a necessidade de repensar o seu propósito. Observar os diagramas resultantes de diferentes momentos em que você se propôs a investigar seus objetivos de vida é uma excelente ferramenta para perceber, com consciência, sua própria trajetória.

Essa é um atividade muito pessoal, mas, caso se sinta confortável, compartilhe suas respostas com seus colegas. Perceber a diversidade de habilidades, competências e paixões que existem entre vocês é uma forma de também de entender as diferenças que encontramos na vida em sociedade e, assim, refletir sobre como encontrar maneiras de construir narrativas e situações capazes de agregar, intensificando as potências que carregamos.

TÓPICO 2

Decisão e travessia: processos migratórios

Migração

Detida capitã de barco de migrantes que desafiou Salvini

A história acabou de péssima maneira para a capitã Carola Rackete, de 31 anos. Por volta de 1h30 de sábado (20h30 de sexta-feira em Brasília), a embarcação humanitária Sea-Watch 3, que havia passado 48 horas fundeada em frente ao porto de Lampedusa com 40 migrantes a bordo, levantou âncoras e se dirigiu ao cais. Rackete ignorou novamente a proibição da Guarda di Finanza (polícia alfandegária), que inclusive tentou interpor suas embarcações para impedi-la de atracar na ilha. A capitã, símbolo da luta contra a política migratória de Matteo Salvini, foi recebida com aplausos por dezenas de pessoas que a esperavam, mas foi detida e levada a uma delegacia para responder por supostos delitos de "resistência ou violência contra um navio de guerra", que acarreta pena de três a dez anos.

O navio humanitário, que entrou em águas italianas dois dias antes, aguardava autorização para desembarcar migrantes resgatados à deriva em 12 de junho. Mas a situação a bordo se agravava dia após dia. Na noite anterior, dois passageiros doentes tiveram que ser retirados às pressas, e os demais passageiros ameaçavam se atirar à água se não houvesse uma solução, após mais de duas semanas a bordo. [...]

Rackete já tinha sido denunciada pelo Ministério Público de Agrigento, na sexta-feira, por favorecimento ao tráfico ilegal de pessoas. Em uma entrevista coletiva via Skype de dentro do barco, na sexta-feira, ela se mostrou "segura de que a Justiça italiana reconhecerá que a lei do mar e os direitos das pessoas estão acima da segurança e do direito da Itália às suas águas territoriais".

VERDÚ, Daniel. Detida capitã de barco de migrantes que desafiou Salvini. **El País**, Roma, 29 jun. 2019. Disponível em: https://brasil.elpais.com/brasil/2019/06/29/internacional/1561778170_636083.html. Acesso em: 8 abr. 2022.

ARTIGO DE LEI

1. Todo ser humano tem direito à liberdade de locomoção e residência dentro das fronteiras de cada Estado;

2. Todo ser humano tem direito de deixar qualquer país, inclusive o próprio, e a ele regressar.

ARTIGO 13º DA DECLARAÇÃO UNIVERSAL DOS DIREITOS HUMANOS

ARTIGO DE LEI

1. Toda pessoa sujeita a perseguição tem o direito de procurar e de beneficiar de asilo em outros países.

2. Este direito não pode, porém, ser invocado no caso de processo realmente existente por crime de direito comum ou por atividades contrárias aos fins e aos princípios das Nações Unidas.

ARTIGO 14º DA DECLARAÇÃO UNIVERSAL DOS DIREITOS HUMANOS

▶ Embarcação humanitária Sea-Watch 3. A ONG alemã Sea-Watch realiza resgates marítimos.
VALERIA MONGELLI/HANS LUCAS/AFP

- Com base nas pessoas e nos lugares que aparecem nessa reportagem, é possível inferir qual é o motivo do conflito entre Carola e as autoridades italianas? Quais são as hipóteses sobre a origem e os motivos dos tripulantes do barco terem sido resgatados pelo Sea-Watch 3 no Mar Mediterrâneo? Por que a polícia italiana tentou impedi-los de atracar no Porto de Lampedusa?
- O episódio retratado na reportagem está inserido em um contexto mais amplo, conhecido como a Crise de refugiados na Europa, ou a Crise de refugiados no Mediterrâneo. Você já tinha ouvido falar desse período da história migratória recente? Sabe a que se refere?
- Veja a data em que a reportagem foi publicada e pesquise notícias de jornal desse período que te ajudem a identificar o contexto social e político que teve como cenário o Mar Mediterrâneo, em meados da década de 2010. Você acha que Carola agiu corretamente ao desrespeitar as autoridades policiais italianas? Tente achar argumentos que apoiem a sua opinião.

▶ Carola Rackete, capitã da embarcação de resgate Sea-Watch 3.
SAMUEL BOIVIN/NURPHOTO/AFP

Um ano antes de a capitã alemã iniciar seu trabalho voluntário na região, a jovem síria Yusra Mardini, então com 17 anos, comoveu o mundo ao salvar, junto com sua irmã Sara, os 18 tripulantes com os quais tentava fazer a travessia da Turquia à Grécia, após nadar por três horas e meia rebocando o bote no qual viajavam.

Duas mulheres e um artista: resgates no Mediterrâneo

ARTIGO DE LEI

1. Todo ser humano acusado de um ato delituoso tem o direito de ser presumido inocente até que a sua culpabilidade tenha sido provada de acordo com a lei, em julgamento público no qual lhe tenham sido asseguradas todas as garantias necessárias à sua defesa.

2. Ninguém poderá ser culpado por qualquer ação ou omissão que, no momento, não constituíam delito perante o direito nacional ou internacional. Também não será imposta pena mais forte de que aquela que, no momento da prática, era aplicável ao ato delituoso.

ARTIGO 11º DA DECLARAÇÃO UNIVERSAL DOS DIREITOS HUMANOS

Carola Rackete é uma jovem alemã formada em Ciências Náuticas e Gestão Ambiental que durante muitos anos trabalhou como capitã de expedições científicas, acompanhando pesquisadores e oceanógrafos em missões de mapeamento e monitoramento de mudanças climáticas, principalmente no Ártico e na Antártica.

Em 2016, começou a trabalhar voluntariamente como capitã em missões humanitárias, conduzindo navios de resgate no Mar Mediterrâneo. Ela ficou mundialmente conhecida em 2019, quando protagonizou uma disputa com o ministro do interior italiano, Matteo Salvini, pelo direito de desembarcar em segurança um grupo de 40 migrantes que haviam sido resgatados em alto-mar duas semanas antes.

Após desobedecer às autoridades locais e ser presa, Carola seguiu denunciando as leis antimigração da União Europeia, tornando-se um símbolo da luta por Direitos Humanos de migrantes e refugiados. Em 2020, ela lançou seu primeiro livro, *É hora de agir: um apelo à última geração*, no qual explicita a correlação entre degradação ambiental, mudanças climáticas e o aumento da vulnerabilidade socioeconômica de pessoas ao redor do mundo. Para ela, o ativismo humanitário e o ativismo ambiental são indissociáveis, pois os problemas que vivenciamos no mundo são interconectados e demandam respostas complexas e abrangentes.

- O que você acha da associação que Carola faz entre mudanças climáticas e violações de Direitos Humanos?
- Você se lembra de ter lido alguma notícia sobre os efeitos diretos das mudanças climáticas na vida das pessoas e em movimentos migratórios?

Leia a seguir um depoimento de Mardini ao Alto-comissariado das Nações Unidas para Refugiados (17/10/2019), no qual a jovem relata detalhes da viagem e o drama compartilhado por dezenas de milhares de viajantes que, como ela, fugiam de um cenário de guerra ou crise humanitária. Mardini competiu como participante do time de Atletas Olímpicos Refugiados, sob a bandeira do Comitê Olímpico Internacional (COI), durante os Jogos Olímpicos de Verão de 2016 (Rio de Janeiro) e 2021 (Tóquio). Ela vive hoje em Berlim, Alemanha, com a irmã.

A jornada de Yusra Mardini em busca de segurança

Yusra Mardini é Embaixadora da Boa Vontade do ACNUR, refugiada síria e nadadora olímpica

[...]

Em agosto de 2015, Sara e eu embarcamos em um bote junto com outras 18 pessoas [...] Como a maioria dos barcos que fizeram a mesma travessia, o nosso estava perigosamente superlotado. Nesse trecho [...], nosso motor falhou.

Sara e eu éramos nadadoras experientes, mas outros no barco não. Nos revezamos na água para deixar o barco mais leve, ajudando-o a enfrentar as ondas, a fim de evitar que ele afundasse. Pedimos ajuda, mas ninguém veio.

[...]

Nadamos por mais de três horas. Todo mundo estava orando. Por fim, o motor voltou à vida [...] Cada vez que ouço que um grupo se afogou no mar, isso me leva de volta para lá, agarrada à corda do barco, batendo as pernas desesperadamente na água. [...]

MARDINI, Yusra. A jornada de Yusra Mardini em busca de segurança. **Acnur**, [Brasil], 17 out. 2019. Disponível em: https://www.acnur.org/portugues/2019/10/17/a-jornada-de-yusra-mardini-em-busca-de-seguranca/. Acesso em: 8 abr. 2022.

* Assim como Mardini, refugiados e migrantes de muitos outros países também tentaram – e continuam tentando – chegar à Europa por meio de diferentes rotas marítimas ou terrestres. As rotas recebem maior ou menor fluxo de migrantes e refugiados em razão dos locais de origem dos viajantes, mas também por conta do nível de vigilância e de dificuldade de ingressar em território europeu. Assim, quando aumenta a pressão política e a fiscalização em determinada fronteira, os viajantes passam a buscar percursos alternativos para tentar chegar a seus destinos. Pesquise na internet, em matérias de jornal ou artigos de política internacional algumas das principais rotas desenhadas durante a crise de refugiados da década de 2010.

▲ Yusra Mardini, da Equipe Olímpica de Refugiados, se aquece durante os Jogos Olímpicos de Tóquio 2020, em 24 de julho de 2021.
GIORGIO SCALA/BSR AGENCY/GETTY IMAGES

Em 2020, as denúncias de violações graves de Direitos Humanos de migrantes e refugiados permaneceram, assim como as acusações de que as autoridades europeias negligenciam e até agem deliberadamente para impedir a chegada segura desses indivíduos ao continente.

Nesse contexto, como maneira de trazer visibilidade à causa e apoiar diretamente o trabalho de profissionais e voluntários que seguem operando no resgate e acolhimento de migrantes e refugiados, o artista britânico Banksy resolveu patrocinar um navio humanitário que opera no Mediterrâneo. Uma notícia de agosto de 2020 informa que, em um único dia, o barco conseguiu realizar o resgate de 219 migrantes em alto-mar.

Na lateral da cabine do comandante, Banksy aplicou um de seus famosos estênceis, fazendo referência ao sentimento de solidariedade que deveria inspirar o olhar da sociedade para esse grupo de pessoas.

Outra referência interessante que o artista simbolicamente imprimiu à embarcação foi o nome: o navio foi batizado em homenagem à Louise Michel, poetisa e professora francesa do século XX (1830-1905), uma das mais importantes *communards*[5] da Comuna de Paris (1871) e símbolo das causas anarquistas, feministas e educadoras libertárias.

5. *Communard*: referente aos integrantes da Comuna de Paris (1871), um governo de resistência instaurado por operários parisienses que durou 71 dias após a derrota francesa na Guerra Franco-Prussiana.

Banksy, subversivo e genial

Banksy é um artista anônimo mundialmente conhecido por seus estênceis de traços inconfundíveis e forte teor político, aplicados em espaços públicos. Suas obras geralmente representam cenas singelas, com personagens realizando ações simples e, muitas vezes, interagindo com o espaço urbano e objetos do cotidiano. Sua arte é carregada de simbolismo e referências socioculturais, possibilitando uma reflexão social e política profunda que se comunica com pessoas de todas as origens.

▲ Detalhe de estêncil aplicado pelo artista Banksy na lateral da cabine de controle da embarcação Louise Michel (à esquerda) e foto da embarcação (à direita): manifestação artística e política em favor da solidariedade entre os povos e dos direitos dos refugiados.
COURTESY OF PEST CONTROL OFFICE, BANKSY/ FOTO: THOMAS LOHNES/AFP

- Por que você acha que o barco de resgate foi nomeado em homenagem a Louise Michel?
- Em sua opinião, ao patrocinar o navio Louise Michel, Banksy contribui para dar visibilidade à crise humanitária vivida pelos refugiados? Explique.
- Em termos mais gerais, como a arte contribui para promover causas?

Por que as pessoas partem?

ARTIGO DE LEI

Toda pessoa tem direito à liberdade de pensamento, de consciência e de religião; este direito implica a liberdade de mudar de religião ou de convicção, assim como a liberdade de manifestar a religião ou convicção, sozinho ou em comum, tanto em público como em privado, pelo ensino, pela prática, pelo culto e pelos ritos.

Artigo 18º da Declaração Universal dos Direitos Humanos

Desde 2010, jornalistas de todo o mundo têm compartilhado notícias sobre milhares de migrantes que tentam entrar na Europa. São crianças, adultos e idosos, homens e mulheres, vindos principalmente de países do Norte da África e do Oriente Médio, em busca de um lugar mais seguro para viver, trabalhar e cuidar da família.

Muitos fogem de guerras civis ou de perseguição religiosa, étnica ou política. Outros buscam alternativas para escapar da fome e da pobreza: são pessoas que não têm oportunidade de trabalhar e que não recebem ajuda suficiente de seus respectivos governos e da comunidade internacional para se alimentar, ter uma casa, garantir ajuda médica ou escola para os filhos, ou seja, para ter acesso aos direitos básicos.

▼ Barcos de refugiados flutuando no mar.
alexyz3d/shutterstock.com

São muitos os desafios envolvidos quando se decide mudar de país. Os migrantes precisam aprender uma nova língua e se adaptar culturalmente a uma realidade muito diferente da sua. Precisam ainda se adequar à legislação e às burocracias locais, encontrar lugar para morar, buscar emprego. Muitas vezes, essas imposições de adaptação são enfrentadas sem nem ao menos a autorização para entrar e circular livremente no país de destino. Ao tentarem entrar em um novo território, os migrantes podem ser barrados pelas autoridades locais e levados a centros de acolhimento – popularmente conhecidos como campos de refugiados –, onde aguardam providências legais para definir seu futuro. Paralelamente a tudo isso, precisam lidar com preconceito e discriminação de parte da população local, que vê neles uma ameaça ao seu modo de vida e à sua cultura.

No entanto, muito antes de enfrentarem os desafios referentes à vida em um país estrangeiro, os migrantes precisam deslocar-se entre os territórios. Esse deslocamento – que compreende a rota e o meio de transporte utilizado – varia de acordo com diversos fatores, como local de origem e destino, políticas migratórias e recursos financeiros de quem se desloca. As dificuldades de muitos, portanto, antecedem a chegada.

Quando há um fluxo muito grande de pessoas querendo migrar de um território para outro, é frequente que o país de destino enrijeça as regras de entrada e aumente a fiscalização nas fronteiras. Esse tipo de medida, em vez de reduzir a pressão migratória, acaba por induzir os migrantes a buscar rotas alternativas, o que pode resultar em viagens mais longas e perigosas.

A Guerra na Ucrânia

Anos após o ápice da crise do Mediterrâneo, países europeus recebem uma nova leva de refugiados, dessa vez vindos da Ucrânia, como consequência da invasão russa iniciada em fevereiro de 2022. Já na primeira semana de conflito, mais de 1,5 milhão de pessoas deixaram o território ucraniano, buscando refúgio em países da Europa Ocidental. Em meio a essa tragédia humanitária de grandes proporções, relatos chocantes começaram a ser registrados na fronteira polonesa: as autoridades do país estavam autorizando a entrada apenas de cidadãos ucranianos, barrando viajantes asiáticos e africanos que também tentavam sair da zona de guerra. Outra evidência escancarada do etnocentrismo ocidental e da discriminação contra migrantes negros, marrons e amarelos foram os sucessivos comentários de jornalistas e âncoras televisivos ocidentais, nos quais ressaltavam o choque de ver "famílias brancas, europeias", originárias de um país "relativamente civilizado", sendo forçadas a se deslocar, em situação análoga à de centenas de milhares de outras famílias, provenientes de países da África e do Oriente Médio, mas que não despertam igual sentimento de solidariedade.

Os diferentes tipos de viajante

A história do ser humano é uma história sobre movimento. Desde o nomadismo de tribos pré-históricas – passando pela expansão do Império Romano e pelas Grandes Navegações portuguesas até chegar à crise de refugiados venezuelanos em Roraima –, sabemos que o ser humano se desloca, a todo tempo, de muitas maneiras e por muitos motivos.

As distâncias percorridas, o tempo e contexto em que os deslocamentos ocorrem são utilizados como critérios nos estudos de Geografia Humana para classificar tanto as viagens quanto os viajantes em certas categorias. Mas são os motivos pelos quais uma pessoa viaja que o Direito Internacional e as legislações dos Estados utilizam para classificar o *status* do viajante. É com base no *status*, por sua vez, que os governos, organismos internacionais e organizações da sociedade civil mapeiam, regulam, orientam e apoiam os fluxos migratórios ao redor do mundo.

Se os motivos da fuga têm a ver com as condições sociais, políticas, religiosas ou securitárias de seu território de origem, o migrante tem o direito de pleitear, perante as autoridades do país receptor, o *status* de refugiado. Segundo a Convenção Relativa ao Estatuto dos Refugiados (1951), adotada pela Conferência das Nações Unidas de Plenipotenciários sobre o Estatuto dos Refugiados e Apátridas em Assembleia Geral das Nações Unidas, enquadra-se como refugiado o indivíduo que:

> [...] temendo ser perseguido por motivos de raça, religião, nacionalidade, grupo social ou opiniões políticas, se encontra fora do país de sua nacionalidade e que não pode ou, em virtude desse temor, não quer valer-se da proteção desse país, ou que, se não tem nacionalidade e se encontra fora do país no qual tinha

sua residência habitual em consequência de tais acontecimentos, não pode ou, devido ao referido temor, não quer voltar a ele.

ACNUR. **Convenção Relativa ao estatuto dos refugiados** (1951). Genebra: Acnur; Rio de Janeiro: Cáritas Arquidiocesana do Rio de Janeiro, [2007]. Disponível em: https://www.acnur.org/fileadmin/Documentos/portugues/BDL/Convencao_relativa_ao_Estatuto_dos_Refugiados.pdf. Acesso em: 8 abr. 2022.

Graças a essa convenção e a outros acordos internacionais, solicitantes de refúgio não podem ser deportados durante o processo de análise do pedido. No Brasil, o estatuto é complementado pela Lei nº 9.474/1997, que inclui, na definição de refugiado, situação na qual o indivíduo é forçado a deixar seu país de origem por grave e generalizada violação de Direitos Humanos. Mais recentemente, em 2017, o Brasil aprovou a Lei de Migração, que revê as condições e os procedimentos para recepção, acolhimento e tratamento de estrangeiros no Brasil.

▲ Família no centro de acolhimento a venezuelanos, em Manaus.
AMORIM/NURPHOTO/AFP

▶ Família migrante japonesa, 1934, São Brasil, Brasil.
ARQUIVO/AE/ESTADÃO CONTEÚDO

▶ Você tem vontade de estudar fora? Intercâmbios de estudo ou a trabalho são classificados como exemplos de migração espontânea.
SUZANE LOPES

Além do pedido de refúgio, o viajante também pode pleitear o *status* de asilado, que é analisado e concedido pela autoridade máxima de Estado (o presidente da República, no caso brasileiro). A concessão de asilo foi uma prática recorrente na América Latina principalmente entre as décadas de 1960 e 1970, quando a perseguição política era frequente em ditaduras militares como a brasileira, a argentina e a uruguaia. Vale lembrar que há menção direta ao direito de asilo no Art. 14º da Declaração Universal dos Direitos Humanos.

Por fim, há um tipo de migrante voluntário que se tornou mais comum desde a pandemia de covid-19: os nômades digitais, ou pessoas que optam por ter uma vida em constante deslocamento, viabilizada graças à popularização do trabalho remoto. O conceito de nomadismo é, nesse caso, inspirado na cultura cigana e em povos beduínos, cuja organização sociocultural está pautada pelo deslocamento permanente.

Nossa população é constituída por povos de origens diversas, que chegaram ao território em diferentes momentos e em razão de causas específicas. Os principais fluxos migratórios do Brasil são de portugueses e africanos escravizados (séc. XV-XIX), italianos e alemães (1850-1900) e japoneses (1900-1920). Como veremos mais adiante, fluxos recentes envolvem populações de países latino-americanos, como bolivianos, venezuelanos e haitianos.

Projeto Dastaan

ARTIGO DE LEI

1. Todo ser humano tem direito a uma nacionalidade.

2. Ninguém será arbitrariamente privado de sua nacionalidade, nem do direito de mudar de nacionalidade.

ARTIGO 15º DA DECLARAÇÃO UNIVERSAL DOS DIREITOS HUMANOS

Confira aqui o que os idosos veem ao colocar os óculos do Projeto Dastaan.

▶ Assim como o Projeto Dastaan, Friedhelm Caspers, médico-chefe de geriatria, usa realidade virtual para desacelerar demência e mal de Alzheimer.

MARIUS BECKER/DPA PICTURE-ALLIANCE/AFP

Segundo o *Relatório sobre Migrações Internacionais da ONU de 2020*, estima-se que haja, no mundo, 280 milhões de pessoas vivendo em um país estrangeiro. Para se ter uma ideia de quanto essa cifra representa, no mesmo ano, a população brasileira foi contabilizada em 209,5 milhões de cidadãos.

Embora a migração sempre tenha feito parte das dinâmicas sociais, nota-se um aumento significativo nos fluxos migratórios nos últimos 20 anos: entre 2000 e 2010, foram 48 milhões de pessoas saindo de seus respectivos países de origem; na década seguinte, esse número subiu para 60 milhões.

Ainda que a maior parte dos deslocamentos tenha motivação econômica, quase 16% dos registros – 17 milhões de pessoas – referem-se a refugiados e asilados. Esses números não incluem as 34 milhões de pessoas que foram forçadas a se deslocar entre territórios dentro de um único Estado, migrantes dentro de seu próprio país.

Os deslocamentos acontecem em todo o mundo: são venezuelanos e bolivianos vindo para o Brasil, brasileiros indo para os EUA, sírios se deslocando para a Turquia, europeus movimentando-se dentro do continente, chineses viajando para a Austrália. Como vimos anteriormente, as causas são variadas, e as consequências das viagens estão muitas vezes sujeitas a conjunturas internacionais, alheias às vontades e à influência dos viajantes. Alguns deslocamentos têm caráter temporário; outros, permanente.

A impossibilidade de regressar para a casa ou o território de origem traumatiza milhares de migrantes a cada geração. Na maioria das vezes, eles são impossibilitados de regressar às suas casas quando as condições mínimas de segurança e dignidade não podem ser garantidas. Com o passar dos anos, as famílias acabam se enraizando em novos territórios.

O Projeto Dastaan, idealizado pelos jovens paquistaneses Sparsh Ahuja, Sam Dalrymple e Saadia Gardezi, ajuda migrantes indianos exilados há décadas no Paquistão a revisitar na memória os vilarejos onde passaram a infância.

Em 1947, com o fim da colonização britânica no território indiano, cerca de 15 milhões de pessoas majoritariamente muçulmanas foram forçadas a deixar suas casas em direção ao território que hoje constitui o Paquistão. O conflito étnico-religioso entre os dois países (Índia, de maioria hindu, e Paquistão, de maioria muçulmana) perdura até hoje, tendo como pano de fundo a disputa territorial pelas regiões de Jamu e Caxemira, controladas pelo governo indiano e reivindicadas pelo governo paquistanês, o que resultou em três conflitos armados entre as décadas de 1940 e 1990. A fronteira entre os dois países constitui hoje uma das zonas mais militarizadas do mundo. O clima de tensão é agravado pelo fato de ambos os países, altamente povoados, serem detentores de ogivas nucleares – o que tem o potencial de gerar um rápido escalonamento do conflito, com consequências dramáticas para a região. Diante desse contexto, a maior parte das famílias exiladas em 1947 nunca mais regressou às suas terras tradicionais.

Pensando na saudade que esses migrantes, hoje idosos com mais de 70 anos, poderiam sentir de suas antigas cidades, o grupo de idealizadores do Projeto Dastaan decidiu mobilizar jovens indianos e paquistaneses que trabalham com audiovisual e tecnologia para produzir vídeos em realidade aumentada. Assim, conseguiram reconstruir partes de vilarejos destruídos ou abandonados durante os conflitos de 1947, concedendo a essas pessoas a possibilidade de reviver lembranças e rememorar a vida e a cultura do país de origem.

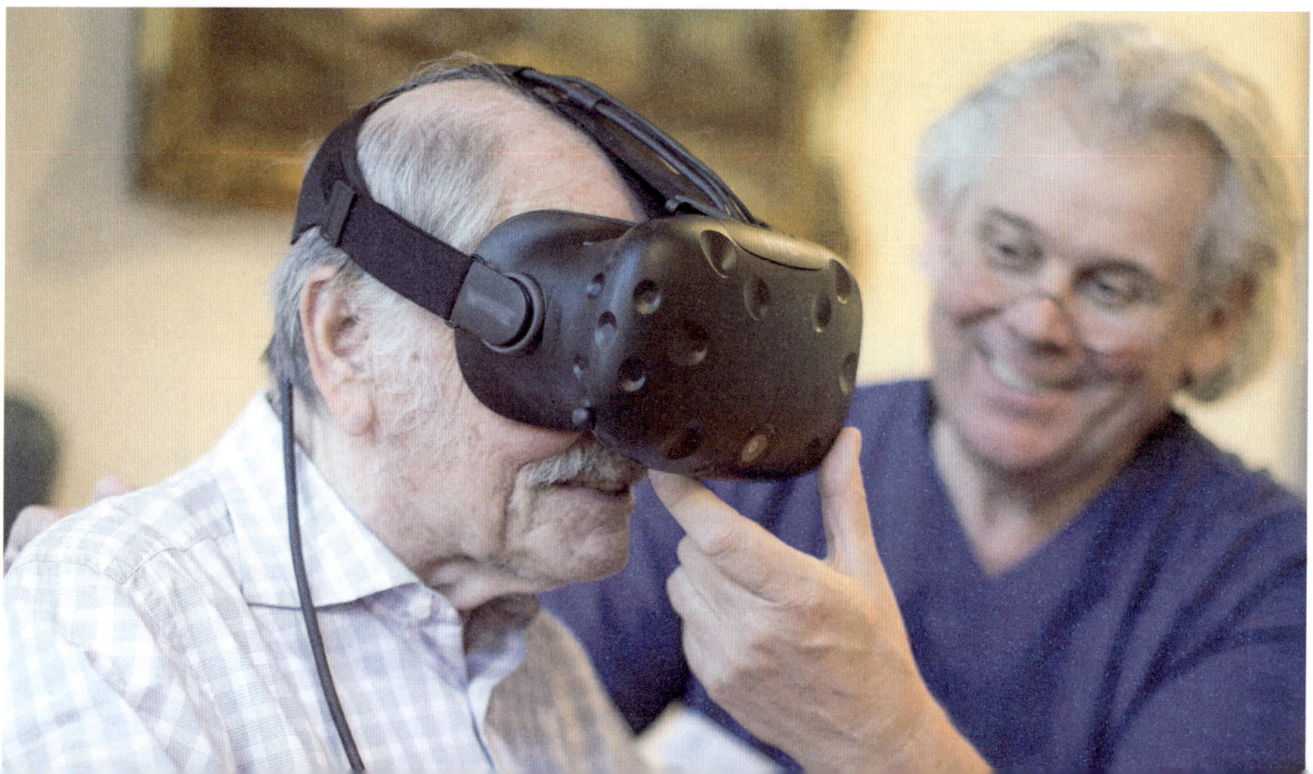

Um drama sem fronteiras

Observe os registros que simbolizam dois movimentos migratórios recentes. A primeira foto, tirada em 18 de janeiro de 2021, mostra o momento em que um grupo de aproximadamente 6 mil hondurenhos tentava atravessar a fronteira da Guatemala a pé, na expectativa de cruzar o país e o vizinho, México, em direção aos EUA.

O grupo, apelidado pela imprensa internacional de Caravana Migrante, começou a se deslocar após o aumento da crise socioeconômica de Honduras, intensificada pela pandemia de covid-19 e pela passagem de dois furacões pelo país em novembro de 2020.

▼ Grupo Caravana Migrante. A foto mostra o momento em que um grupo de aproximadamente 6 mil hondurenhos tentava atravessar a fronteira da Guatemala a pé, na expectativa de cruzar o país e o vizinho, México, em direção aos EUA.
LUIS VARGAS/ANADOLU AGENCY/AFP

A segunda imagem mostra um grupo de refugiados que saiu da Líbia em direção ao sul da Itália, deslocando-se pela Rota Mediterrânea Central, a mesma na qual Carola Rackete localizou e resgatou o grupo de pessoas que protagonizou a reportagem no início deste capítulo.

▼ Barco de refugiados que saíram da Líbia aguardam resgate no Mar Mediterrâneo, cerca de 12 milhas náuticas da Líbia, em 2016.
ARIS MESSINIS/AFP

* Por que essas imagens são tão impactantes? Tente fazer uma lista com as semelhanças e diferenças entre as duas fotografias, considerando o contexto de cada país de origem, as causas da migração e as consequências do deslocamento. Faça as pesquisas necessárias e compartilhe suas impressões com a turma.
* Em sua opinião, como essas viagens transcorreram? Você consegue imaginar como esses viajantes se sentiram durante o percurso?
* Formule hipóteses sobre o que pode ter acontecido depois que as fotos foram tiradas. Você acha que essas pessoas conseguiram chegar a seus locais de destino? Como você imagina que elas estejam vivendo hoje?

Xenofobia à brasileira

Xenofobia é o "sentimento de aversão, desconfiança, medo, antipatia, rejeição em relação ao estrangeiro, ao que vem de outro país, ao que vem de fora"[3]. A xenofobia se manifesta em atitudes discriminatórias, que podem englobar violências baseadas em diferenças étnicas, linguísticas, geográficas ou culturais cometidas contra estrangeiros em geral. A xenofobia pode se manifestar através do comportamento de um indivíduo, grupo ou do próprio governo, através da implementação e condução de políticas migratórias restritivas, por exemplo.

▼ Imigrante boliviana costura roupas na região do Brás, em São Paulo-SP. Muitos bolivianos trabalham em situação análoga à escravidão em oficinas clandestinas de costura da capital paulistana.
NACHO DOCE/REUTERS/FOTOARENA

3. INSTITUTO MIGRAÇÕES E DIREITOS HUMANOS *et al.* **Migrações, refúgio e apatridia**: guia para comicadores. Brasília, DF: IMDH; [*S. l.*]: MigraMundo; São Paulo: Ficas, 2019. Disponível em: https://www.acnur.org/portugues/wp-content/uploads/2019/05/Migracoes-FICAS-color_FINAL.pdf. Acesso em: 4 abr. 2022

Mas será que todos os estrangeiros sofrem o mesmo tipo de preconceito?

A resposta é não. Questões relacionadas a gênero e raça impactam muito o tratamento diferenciado entre indivíduos. Da mesma maneira, questões relacionadas à classe social, religião, origem geográfica e cultura interferem na maneira como diferentes migrantes são recebidos em um país estrangeiro.

Na época da Guerra ao Terror lançada pelos Estados Unidos após os ataques cometidos no dia 11 de setembro contra as Torres Gêmeas (2001), vários ataques xenofóbicos de civis foram reportados, em países da América do Norte, Europa e até no Brasil, contra homens e mulheres árabes e mulçumanos, injustamente rotulados como terroristas e radicais. Essa perversa generalização alimentou um discurso falacioso de oposição entre valores orientais e ocidentais, que até hoje gera discriminação e desconfiança contra árabes e mulçumanos nos mais diversos contextos. Mais recentemente, no contexto da pandemia de covid-19, muitos asiáticos, especialmente chineses, também relataram casos graves de racismo e xenofobia sofridos em países ocidentais.

No Brasil, a xenofobia é um problema crescente. Em 2018, a Secretaria Especial de Direitos Humanos do Governo Federal divulgou um relatório que apontava um crescimento de 633% das denúncias de xenofobia em comparação a 2014. As violências se expressam de várias maneiras, passando por agressões verbais, impedimentos/restrições de acesso a serviços públicos e até gravíssimos casos envolvendo tráfico de pessoas e trabalho escravo. Imigrantes são especialmente vulneráveis a esses tipos de abuso: estão longe de suas redes de segurança social, muitas vezes não têm domínio sobre a língua nem sobre a legislação local. Quando em situação irregular, podem submeter-se a situações ainda mais graves de abuso por temerem represálias de agressores e autoridades, inclusive deportação.

Em 2019, 139 trabalhadores em situação análoga à escravidão foram resgatados só no estado de São Paulo. A maioria eram imigrantes de outros países latino-americanos, como Bolívia, Paraguai e Venezuela, trazidos (traficados) para abastecer oficinas clandestinas de costura na região central da capital paulista. A situação agravou-se ainda mais com a pandemia de coronavírus a partir de 2020. Segundo investigação da Repórter Brasil, auditores fiscais do trabalho alegam que a pandemia foi utilizada por donos de oficinas como justificativa para manter trabalhadores confinados.

No sul, houve um *boom* de denúncias de violações de direitos trabalhistas de imigrantes haitianos, que migraram de maneira intensa para o país após o devastador terremoto de 2010, que deixou mais de 200 mil mortos e 1,5 milhões de pessoas desabrigadas. Com a destruição da capital Porto Príncipe e o esfacelamento econômico do país, muitos profissionais haitianos altamente qualificados foram obrigados a migrar para outros países latino-americanos em busca de sustento para si e suas famílias, aceitando trabalhos precarizados e por isso mesmo preteridos por trabalhadores brasileiros, como atividades em frigoríficos, construção civil e linhas de produção industrial.

Justiça por Moïse Mugenyi

▶Arte de Dineli, inspirada no caso de Moise Mugenyi Kabagambe, que foi brutalmente assassinado.
DINELLI

Em janeiro de 2022, o jovem congolês Moïse Mugenyi Kabagambe foi amarrado, torturado e brutalmente assassinado em um quiosque na Barra da Tijuca, área nobre da Zona Oeste carioca. Ajudante de cozinha nesse estabelecimento, foi agredido por reivindicar o salário atrasado de duas diárias de trabalho, equivalente a R$ 200,00. Sua morte foi comunicada à família 12 horas mais tarde, e o crime só passou a ser investigado pela polícia quando imagens das câmeras de segurança do quiosque viralizaram nas redes sociais. Moïse tinha 24 anos e vivia no Brasil desde os 14, quando chegou ao país junto da mãe e dos irmãos como refugiado político, fugindo de um longo histórico de conflitos armados em seu país de origem, a República Democrática do Congo.

As circunstâncias de seu assassinato e o seu perfil – jovem, imigrante africano, negro e de baixa renda – explicitam mais uma vez a dimensão do racismo brasileiro, que se soma à xenofobia como violências contra as quais imigrantes têm de lutar diariamente.

Segundo a Embaixada do Congo no Brasil, esse episódio foi o quinto caso de assassinato de um congolês no país nos últimos dois anos.

✱ O assassinato do jovem Moïse gerou comoção nacional. Pesquise notícias e artigos sobre o episódio e discuta com seus colegas os elementos simbólicos e estruturais que potencializam o peso da violência cometida. Além de discutir o racismo e a xenofobia, reflitam sobre a herança deixada por um passado colonialista e escravocrata e sobre o impacto das redes sociais na disseminação de notícias e no engajamento de público.

JUSTIÇA
POR
MOÏSE
MUGENYI

Estrangeiros entre nós

▶ MIODRAG IGNJATOVIC/ISTOCKPHOTO.COM
HADYNYAH/ISTOCKPHOTO.COM
ANDERSON PIZA/ISTOCKPHOTO.COM
DMEPHOTOGRAPHY/ISTOCKPHOTO.COM
VISUALSPACE/ISTOCKPHOTO.COM
KOOL99/ISTOCKPHOTO.COM
MSTUDIOIMAGES/ISTOCKPHOTO.COM
LADANIFER/SHUTTERSTOCK.COM

O relatório anual do Observatório das Migrações Internacionais (OBMigra), de 2019, produzido pelo Ministério da Justiça e Segurança Pública, apontou que haitianos, venezuelanos e colombianos constituíram as maiores comunidades de estrangeiros em território brasileiro entre 2010 e 2018. No período, o Brasil registrou 774,2 mil imigrantes vivendo no país, o que inclui migrantes voluntários, refugiados e asilados, sendo mais da metade migrantes de longo termo, ou seja, residentes no país há pelo menos um ano.

O perfil desses migrantes ilustra uma tendência na América Latina. Conforme foi apontado pelo *World Migration Report* (ONU, 2022), relatório anual das Nações Unidas sobre movimentos migratórios ao redor do mundo, nos últimos 30 anos, o número de migrantes de outras regiões vivendo em países da América do Sul manteve-se relativamente estável, em torno de 3 milhões de pessoas – provenientes majoritariamente da Europa e América do Norte. O número de migrantes intrarregionais, contudo, tem crescido desde 2010, chegando a 80% do número total de migrantes na região, o que pode ser atribuído a fatores como o enrijecimento de políticas migratórias e fiscalização em outros destinos tradicionais, como América do Norte e Europa; os custos relativos à burocracia e ao transporte; o desenvolvimento de políticas migratórias mais favoráveis ao deslocamento interno e regional; as novas oportunidades profissionais nos países vizinhos etc.

Violência e desastres ambientais e climáticos também influenciam o aumento de deslocamentos internos e entre fronteiras na região. O Brasil é o 5º país que mais recebe migrantes e refugiados venezuelanos.

IMIGRAÇÃO E REFÚGIO NO BRASIL

PRINCIPAIS NACIONALIDADES: 2012 E 2018

1° haitinanos
2° bolivianos
3° venezuelanos
4° colombianos
5° argentinos
6° chineses
7° portugueses
8° peruanos

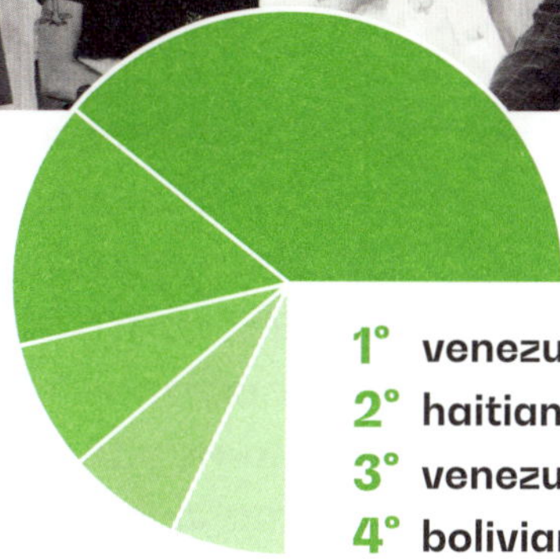

PRINCIPAIS NACIONALIDADES DE 2018

1° venezuelanos 39%
2° haitianos 14,7%
3° venezuelanos 7,7%
4° bolivianos 6,8%
5° uruguaios 6,7%

Fonte: https://curt.link/tcsckl. Acnur, 2019

* Há migrantes na sua cidade? Você sabe de onde eles vêm e o que causou esse deslocamento? Organize-se com seus colegas em grupos. Cada grupo deve pesquisar uma das principais comunidades de migrantes que chegaram ao Brasil entre 2012 e 2018, de acordo com a tabela acima.
* Há estimativas oficiais de quantos imigrantes dessa nacionalidade vivem atualmente no Brasil?
* É possível saber as razões pelas quais essas pessoas decidiram vir ao Brasil? Como chegaram até aqui?
* Essa migração foi voluntária ou forçada? Caso tenha sido forçada, os riscos que motivaram a partida desse grupo ainda existem no país de origem?
* Qual é o perfil desses imigrantes? (Majoritariamente homens ou mulheres? Jovens ou idosos? Viajam sozinhos ou em família?)
* Esses fluxos ocorreram com mais intensidade em algum período? Quando?
* O Brasil tem alguma política pública voltada especificamente para o acolhimento, a assistência ou o atendimento a esse grupo? Qual?
* A inserção dessas pessoas no mercado de trabalho e na dinâmica social das cidades é fácil? Há indícios que respaldam sua resposta?

A Lei de Migração

Você sabia que temos uma lei específica que reforça e detalha os direitos e deveres de estrangeiros no Brasil? A Lei de Migração (Lei nº 13.445, de 2017) é um documento que dialoga com a nossa Constituição Federal e com os tratados internacionais multilaterais e regionais, promovendo uma visão humanitária sobre a questão migratória em detrimento de uma visão focada na segurança nacional, que remonta à Ditadura Militar na década de 1970.

A Lei de Migração dispõe sobre os direitos e deveres do migrante e visitante, regulando sua entrada e estada no Brasil. Ela também estabelece princípios e diretrizes para as políticas públicas relacionadas aos imigrantes, entre os quais se destacam:

> [...] a universalidade, indivisibilidade e interdependência dos direitos humanos; o repúdio e prevenção à xenofobia, ao racismo e a quaisquer formas de discriminação; a acolhida humanitária e a garantia do direito à reunião familiar; a inclusão social, laboral e produtiva do migrante por meio de políticas públicas e o acesso igualitário e livre a serviços, programas e benefícios sociais, bens públicos, educação, assistência jurídica integral pública, trabalho, moradia, serviço bancário e seguridade social.
>
> BRASIL. **Lei nº 13.445**, de 24 de maio de 2017. Institui a Lei de Migração. Brasília, DF: Presidência da República, 2017. Disponível em: http://www.planalto.gov.br/ccivil_03/_ato2015-2018/2017/lei/l13445.htm. Acesso em: 8 abr. 2022.

▲ Após a aprovação da Lei da Migração pelo Senado, grupos de direita organizaram uma marcha que reuniu cerca de 200 pessoas na Avenida Paulista, em São Paulo, em 3 de maio de 2017. Os manifestantes pediam o veto à lei por parte do então presidente Michel Temer sob o argumento de que ela facilitaria a entrada de imigrantes no Brasil e, junto com eles, abriria a porta para o terrorismo. Além disso, o grupo defendia a intervenção militar no país.

CRIS FAGA/NURPHOTO/AFP

Carola estava certa?

Todo debate é uma boa oportunidade para refletirmos sobre diferentes perspectivas acerca de determinado assunto. Como fechamento deste capítulo, propomos uma discussão em sala de aula sobre as causas, as consequências e a legitimidade do ato de desobediência civil cometido por Carola Rackete. Para isso, que tal organizar uma simulação de julgamento com júri?

DEFESA E ACUSAÇÃO

ARTIGO DE LEI
Toda pessoa tem direito a receber dos tribunais nacionais competentes remédio efetivo para os atos que violem os direitos fundamentais que lhe sejam reconhecidos pela constituição ou pela lei.
ARTIGO 8º DA DECLARAÇÃO UNIVERSAL DOS DIREITOS HUMANOS

Formem dois grupos de até quatro pessoas e, então, definam qual grupo será responsável por fazer a defesa de Carola e qual será responsável pela acusação representando o governo italiano. Essa divisão pode ser estabelecida por identificação ou por sorteio. Às vezes, cair em uma equipe com a qual não nos identificamos é um ótimo exercício, pois, nesses casos, a boa defesa não se dá por convicção pessoal, mas pela habilidade de estruturar a argumentação.

Seja de uma maneira ou de outra, é fundamental se preparar: todos terão de pesquisar em outras fontes, além deste livro, para aprofundar seu entendimento sobre as motivações de Carola e sobre as justificativas legais e securitárias da imigração italiana. Durante a etapa de preparação, é importante que você e seu grupo tenham em mente que um bom debate se baseia em argumentos claros, fundamentados em informações de fontes confiáveis, sem a apresentação de opiniões ou exemplos pessoais.

ARTIGO DE LEI
Ninguém será arbitrariamente preso, detido ou exilado.
ARTIGO 9º DA DECLARAÇÃO UNIVERSAL DOS DIREITOS HUMANOS

TESTEMUNHAS

Alguns estudantes podem representar os refugiados envolvidos no caso, contando por que saíram da Líbia, como foi a travessia marítima e por que estão tentando ingressar na Europa. Outros podem representar a guarda costeira italiana, contando quais são as responsabilidades profissionais de patrulhar as águas da Itália. O debate também pode contar com cidadãos italianos que relatem por que se sentem incomodados com tantos imigrantes nas suas respectivas cidades.

Todos esses depoimentos não podem ser deliberadamente inventados, mas amparados em pesquisas sobre o contexto do caso. Lembrem-se de que, apesar de ser uma simulação, essa atividade deve ser respeitosa com os personagens reais que protagonizaram esse episódio.

DECISÃO DA SENTENÇA

ARTIGO DE LEI

Toda pessoa tem direito, em plena igualdade, a que a sua causa seja equitativa e publicamente julgada por um tribunal independente e imparcial que decida dos seus direitos e obrigações ou das razões de qualquer acusação em matéria penal que contra ela seja deduzida.

ARTIGO 10º DA DECLARAÇÃO UNIVERSAL DOS DIREITOS HUMANOS

O restante da turma formará o júri, que será responsável por ouvir a defesa e a acusação e deliberar sobre o caso, sem prejulgamentos. Há mais uma figura importante para o debate, um mediador ou juiz, que vai garantir tempos iguais para as partes do processo e um comportamento cordial, mesmo que em um tom firme.

Os tempos de fala podem ser definidos pelas partes antes do início do julgamento. Cada grupo de defesa e de acusação pode se alternar de forma que a simulação comece com um representante da defesa falando por três minutos, seguido por um representante da acusação, outro da defesa e assim por diante. As falas podem trazer diferentes aspectos e respostas às alegações do oponente. Ao ouvir o opositor, uma boa dica é fazer anotações sobre os argumentos para organizar a réplica.

Depois de algumas rodadas, o júri poderá se reunir e discutir o que ouviu. O veredito, então, é informado ao juiz, que profere a sentença.

2005). Após a Segunda Guerra Mundial, a cidade de Zadar, na Croácia, passou por uma rápida reconstrução. Mas foi apenas em 2005 que sua orla marítima ganhou nova vida. O arquiteto Nikola Bašić, buscando reestabelecer uma conexão entre cidade e mar, projetou grandes blocos de mármore sobrepostos a 35 tubos de polietileno e cavidades ressonantes que emitem diferentes sons à medida que o vento e as ondas atingem a orla, criando um enorme órgão no Mar Adriático, o maior instrumento de sopro do mundo.

STOCKLAPSE/ISTOCKPHOTO.COM

Escute o órgão em funcionamento.

CAPÍTULO 3

Reaprendendo a ouvir o mar

Você já parou para pensar que nós somos natureza? Somos seres naturais, feitos de matéria orgânica, água e sais minerais, assim como os demais seres vivos que habitam este planeta. Apesar dessas semelhanças, há na Terra mais de 8,7 milhões de espécies diferentes, fora a pluralidade que existe dentro de cada uma!

Ter consciência dessa vastidão é entender, também, o grande desafio que é coexistir de maneira pacífica e sustentável em nosso planeta. Durante dezenas de milhares de anos, nossos antepassados foram capazes de viver e se desenvolver sem gerar impactos profundos. No entanto, desde o começo da Revolução Industrial, lá no século XVIII, a humanidade tem, de maneira sistemática e acelerada, agredido o meio ambiente através da exploração desenfreada de recursos naturais, da emissão de gases causadores do efeito estufa e outros poluentes, do desmatamento de florestas, da destruição de biomas, da poluição dos oceanos e da caça e pesca descontroladas. Cada vez mais, estudos científicos confirmam que a atividade humana é, sim, responsável pelo desequilíbrio que ameaça a biosfera.

É nossa responsabilidade, portanto, lutar para reverter essa tendência e evitar uma crise climática. Isso não significa, necessariamente, negar o desenvolvimento tecnológico que marca a contemporaneidade, mas rever paradigmas e processos para encontrar uma maneira sustentável de viver em equilíbrio com a natureza. Ao longo da nossa história – e, esperamos, ao longo da leitura que você fez até aqui – ficou claro que, mesmo sendo tão diferentes, somos uma espécie capaz de estabelecer diálogo, construir consenso e agir.

Este capítulo está dividido em dois estudos de caso que falam respectivamente sobre os desafios ambientais da contemporaneidade e nossa capacidade de articulação e ação através de Organismos Internacionais (OIs), Organizações Não Governamentais (ONGs) e movimentos liderados por gente como eu ou você, que se junta para transformar realidades e melhorar o mundo.

TÓPICO 1

Somos Natureza: entender e respeitar a Terra

Ozimândias, rei e poema

Reveja o item "Contextualização: Espólios de guerra e a evolução dos museus", explorado em capítulo anterior.

Ozimândias era o nome utilizado pelos helenos para se referir ao poderoso faraó Ramsés II (1279-1213 a.C.). Seu nome é emprestado ao título de um poema publicado em 1818 pelo poeta romântico inglês Percy Bysshe Shelley. Em seus versos, o autor reflete com ironia sobre a efemeridade do poder diante da passagem do tempo.

O texto foi criado a partir de uma notícia de jornal de 1817: naquele ano, o renomado Museu Britânico (British Museum) adquiriu, de autoridades egípcias, os fragmentos de uma estátua de Ramsés II. À época, o país era um protetorado do Império Britânico.

O poema "Ozimândias", de Percy Bysshe Shelley, que você pode ler a seguir nas versões original e em português, e a imagem de um grande monumento erguido para celebrar a grandiosidade de um rei da Antiguidade, que passou a ser exposto em um museu com caráter histórico colonialista, convidam-nos a pensar não só sobre poder e dominação mas também sobre perenidade, legado e memória.

► Estátua de Ramsés II, adquirida pelo Museu Britânico em 1817.
ALEX SEGRE/SHUTTERSTOCK.COM

Se hoje é possível perceber, no cenário internacional, uma dinâmica de poder que cada vez mais tende a contrapor Estados Unidos e China, vale lembrar que, há pouco mais de 30 anos, a Guerra Fria marcava o contraponto entre os Estados Unidos e outra superpotência, a União Soviética, sendo que cada lado carregava consigo seus respectivos blocos geopolíticos. Essa disputa bipolar, por sua vez, ocupou um vácuo de poder deixado pelo ocaso de potências europeias na primeira metade do século XX – notadamente o Império Britânico e a França. E isso tudo só no último século.

I met a traveller from an antique land,
Who said—"Two vast and trunkless legs of stone
Stand in the desert. Near them, on the sand,
Half sunk a shattered visage lies, whose frown,
And wrinkled lip, and sneer of cold command,
Tell that its sculptor well those passions read
Which yet survive, stamped on these lifeless things,
The hand that mocked them, and the heart that fed;
And on the pedestal, these words appear:
My name is Ozymandias, King of Kings;
Look on my Works, ye Mighty, and despair!
Nothing beside remains. Round the decay
Of that colossal Wreck, boundless and bare
The lone and level sands stretch far away.

Conheci um viajante, vindo de terras muito antigas
Que disse: "Duas pernas de pedra, enormes e sem corpo,
Jazem no deserto. Perto delas, na areia,
Meio afundado, há um rosto despedaçado,
Com lábios desdenhosos e aspecto provocador
Que revela que o escultor soube decifrar paixões,
Que sobrevivem, através desses objetos sem vida,
à mão que as reproduziu zombateiramente e ao coração que as nutriu;
E no pedestal, as seguintes palavras se impõem:
Meu nome é Ozimândias, Rei dos Reis;
Contemplem minha obra, ó poderosos, e se desesperem!
Nada mais restou: Aos redores da decadência
Dessa colossal ruína, estendem-se ao longe,
As areias desertas, solitárias, infinitas.

Quanto sabemos sobre grandes civilizações, impérios e culturas e seus povos que ascenderam e caíram ao longo da história? Como enxergamos egípcios, mesopotâmios, fenícios e sumérios; maias, incas e astecas; vikings e romanos; chineses e mongóis? Como nos referimos a eles ao longo da história? Que lições, conhecimentos e alertas deixaram para nós?

A história das civilizações é a história da humanidade. Abarca milhares de anos e o mundo inteiro, contemplando a vida de todos aqueles que vieram antes de nós. Refletir sobre a ascensão e queda de uma civilização envolve estudos científicos que englobam disciplinas como História, Antropologia, Sociologia, Geografia e conhecimentos de política, tradição militar e teologia. É, enfim, uma temática imensa, do tamanho e complexidade da nossa história, e que não pode, portanto, ser resumida a umas poucas linhas de análise. Mas, então, por que nos referimos a esse tema na abertura do capítulo?

Porque o poema de Shelley também nos apresenta, de maneira ácida e genial, um retrato do fim de um império que, como tantos outros, entrou em declínio ou colapsou ao longo dos séculos.

- Estudar culturas e povos antigos e visitar museus e sítios arqueológicos nos permite conhecer as datas aproximadas em que dada civilização se desenvolveu, fortaleceu e até mesmo se expandiu. Você se lembra de ter estudado o Antigo Egito e/ou a história dos povos pré-colombianos? E o que sabe sobre como uma civilização chega ao fim? Será que todas terminam da mesma maneira ou pelos mesmos motivos?
- Aliás, o que significa dizer que uma civilização "chegou ao fim"? O que acontece com as pessoas que dela fizeram parte?

Declínio ou colapso: como e por que as civilizações acabam

◀ Na série fotográfica Red Sand (2013), a artista visual brasileira Romy Pocztaruk registrou plataformas de aço construídas pelo exército britânico como proteção marítima durante a Segunda Guerra Mundial. Desativadas nos anos 1950, essas ruínas suspensas são memórias de um passado recente.
JONATHAN TALKS/ISTOCKPHOTO.COM

O biólogo e ecologista americano Jared Diamond abre seu livro *Colapso: como as sociedades escolhem o fracasso ou o sucesso* (2020) justamente com o poema "Ozimândias", de Shelley. Na introdução, o autor fala sobre o fascínio que as ruínas deixadas por antigas civilizações despertam e convida-nos a refletir sobre como essas mesmas civilizações chegaram ao fim.

Muitas civilizações desapareceram através de longos processos sociais e políticos, entrando em declínio e eventualmente sendo desintegradas, incorporadas ou subjugadas a outras culturas e civilizações. É o caso, por exemplo, do Império Romano, que se desagregou em 476 d.C. após quase dois séculos de crises econômicas, políticas e sucessivos golpes e invasões estrangeiras.

O IMPÉRIO ROMANO

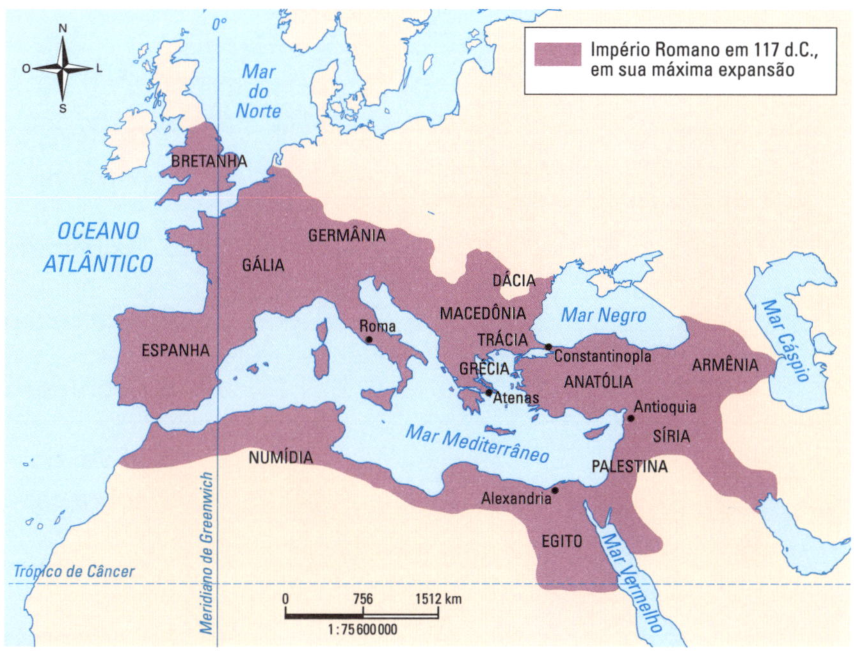

Mapa do Império Romano em 117 d.C., em sua máxima expansão
ALESSANDRO PASSOS.

Fonte: DUBY, Georges. Atlas histórico mundial. Barcelona: Larousse, 2007. p. 52.

Enquanto a parte ocidental de Roma foi ocupada pelos germânicos, a parte oriental permaneceu existindo sob o nome de Império Bizantino por surpreendentes 11 séculos (330-1453 d.C.), com sede na cidade de Constantinopla, na atual Turquia. Os cidadãos de Roma carregaram consigo a sua língua (latim) – que deu origem às línguas latinas da Europa (italiano, francês, espanhol, português, romeno) –, assim como seus costumes, sua estética e sua tradição religiosa (cristianismo).

Para outras civilizações, contudo, o processo foi mais brusco. É o caso de povos que entraram em colapso, ou seja, sofreram uma drástica redução da população ou complexidade política, econômica e social em um curto período.

O colapso é uma forma extrema e acelerada de declínio, que pode ser causada por uma guerra, uma grande invasão estrangeira, uma mudança abrupta interna (como golpe de Estado ou mudança do sistema de governo) ou, ainda, por fatores ambientais. Em sua análise, Diamond investiga o impacto da destruição de recursos naturais no declínio de antigas civilizações. A esse fenômeno, o autor dá o nome de "ecocídio", um suicídio ecológico não intencional, que pode ser provocado por diversos fatores, divididos em oito categorias de destruição ambiental de origem humana. São elas:

1. Desmatamento e destruição do hábitat
2. Destruição do solo: erosão, salinização e perda de fertilidade
3. Problemas com o controle das águas
4. Sobrecaça
5. Sobrepesca
6. Efeito da introdução de espécies exóticas sobre espécies nativas
7. Crescimento populacional
8. Aumento do consumo *per capita*

Essas categorias de destruição são resultado de práticas não sustentáveis mantidas em maior ou menor intensidade por diferentes povos ao longo da história e geram consequências graves, como escassez de comida e água, fome, conflitos, desgaste social e político e, muitas vezes, o próprio declínio dessas sociedades.

Longe de serem problemas do passado, essas categorias seguem ameaçando a sustentabilidade e sobrevivência de nosso planeta hoje, sendo ainda agravadas por quatro novos desafios que põem em risco nosso futuro comum: as mudanças climáticas, o acúmulo de produtos químicos no ambiente, a carência energética e a utilização total da capacidade fotossintética do planeta.

O termo ecocídio vem sendo discutido desde a década de 1970 por cientistas, ambientalistas e juristas e pode ser definido como a destruição total ou parcial de um determinado território, ao ponto de que a utilização pacífica dele seja comprometida.

Em junho de 2021, o conceito ganhou uma definição jurídica, criada pelo Painel de Peritos Independentes para a Definição Jurídica de Ecocídio (2020), convocado pela Fundação Stop Ecocide, que define ecocídio como todo ato ilícito ou arbitrário perpetrado intencionalmente e com grandes chances de causar danos extensos ou duradouros ao meio ambiente.

- Os nomes das categorias de destruição identificadas por Jared Diamond são autoexplicativos? Você já tinha ouvido falar desses tipos de ameaça? Pode imaginar as causas e consequências de cada um desses itens? Discuta em sala de aula.
- Dividam-se em grupos e pesquisem mais informações sobre as diferentes categorias de destruição. Tente ilustrá-las com exemplos reais, a partir de notícias recentes. O desmatamento da Amazônia ou a destruição de manguezais, por exemplo, enquadram-se na categoria de "desmatamento e destruição do hábitat". Em seguida, reflitam sobre os fatores e dinâmicas — históricos, econômicos, sociais — que contribuem para esse fenômeno e as consequências diretas sobre o território, as populações locais e o equilíbrio sistêmico de nosso planeta.
- Discuta com seus colegas se essas categorias de destruição resultam direta ou indiretamente na violação de direitos humanos de populações locais. Quais direitos vocês imaginam que sejam violados? Busquem exemplos reais.

▶ A Guerra do Vietnã (1959-1975) foi a segunda ofensiva militar mais longa da história dos EUA e a maior guerra química da história. Estima-se que o conflito tenha deixado de 1,5 a 3 milhões de mortos e que, durante o período, o território vietnamita tenha sido bombardeado mais vezes do que toda a Europa durante a Segunda Guerra Mundial. O Vietnã sofre até hoje com os efeitos do Agente Laranja, um herbicida e desfolhante químico utilizado pelas forças militares americanas para destruir matas nativas vietnamitas que destruiu cerca de 31 mil km² de florestas. O químico causa deformações em fetos, diferentes tipos de linfoma e leucemia.
UNDERWOOD ARCHIVES UIG/UIG/FOTOARENA

A ideia é que essa tipificação penal seja incorporada ao Estatuto de Roma (1998), tratado que criou o Tribunal Penal Internacional (TPI), organização internacional permanente e independente instituída para julgar indivíduos por crimes de especial gravidade ou que ferem as normas do Direito Internacional, como genocídio, crimes contra a humanidade e de guerra e agressão.

* O Estatuto de Roma do Tribunal Penal Internacional, estabelecido em 1998, passou a vigorar internacionalmente em 2002, com 123 países signatários. Em grupos, leiam alguns trechos do estatuto, que conta com 128 artigos, como o Preâmbulo, e os Art. 5º-8º. Apresentem entre si as definições dos crimes listados e discutam se concordam com a proposição do Painel de Peritos Independentes de incluir o ecocídio como crime penal tipificado no Estatuto de Roma. Justifiquem suas respostas fundamentando seus argumentos com exemplos.
* Apresentem entre si as definições dos crimes listados e discutam: Vocês concordam com a proposição do Painel de Peritos Independentes de incluir o **ecocídio** como crime penal tipificado no Estatuto de Roma? Busquem justificar suas respostas e, se necessário, tentem sempre fundamentar seus argumentos com exemplos que embasem sua posição.

▶ Controlada pela Samarco – pertencente à mineradora Vale –, a Barragem do Fundão, em Mariana (MG), se rompeu em 2015 e provocou o vazamento de 55 milhões de metros cúbicos de rejeitos de minério. Dezenove pessoas morreram, e a lama tóxica se estendeu por mais de 680 quilômetros, indo até o litoral capixaba e destruindo casas, plantações, construções históricas, flora, fauna, nascentes e rios. O vazamento contaminou ainda o Rio Doce e cerca de 40 km² da orla marítima do Espírito Santo.
CHRISTOPHE SIMON/AFP

▼ Em 2010, a explosão da plataforma Deepwater Horizon vitimou 11 trabalhadores da petroleira British Petroleum e despejou aproximadamente 200 milhões de galões de petróleo na região do Golfo do México. Nos primeiros cinco anos após o vazamento, cerca de 75% das gestações de golfinhos da região não vingaram, a população de baleias-de-bryde caiu 20%, mais de 800 mil aves, 175 mil tartarugas e 8,5 milhões de crustáceos morreram e as populações de camarões e peixes foram reduzidas em até 85%. Depois de mais de uma década do acidente, cerca de 60 milhões de galões de petróleo continuam contaminando a região, destruindo a vida marítima e a economia local.
CHRIS GRAYTHEN/GETTY IMAGES

Há destruições que são visíveis a olho nu e outras nem tanto, como a contaminação de lençóis freáticos e rios ou a emissão de gases de efeito estufa (GEE). Os principais gases de efeito estufa são o dióxido de carbono (CO_2), o metano e o óxido nitroso. O CO_2 é o gás que mais contribui para o aquecimento global, pois representa mais de 70% das emissões de GEE, e seu tempo de permanência é de no mínimo 100 anos, o que resulta em impactos no clima ao longo de séculos. A quantidade de metano (CH_4) emitida para a atmosfera é bem menor, mas seu potencial de aquecimento é 20 vezes superior ao do CO_2. No caso do óxido nitroso e dos clorofluorcarbonetos (CFCs), as concentrações na atmosfera são menores, mas o seu poder de reter calor é de 310 a 7100 vezes maior que o do CO_2. O gráfico abaixo aponta os setores econômicos mundiais que mais emitem GEE e suas porcentagens. Pode haver variação de país para país. No Brasil, por exemplo, os maiores responsáveis pela emissão de GEE são as mudanças de uso do solo e o desmatamento, embora a emissão de gases atrelada à agropecuária e geração de energia apresentem tendência de aumento. Historicamente, por conta do desenvolvimento industrial e nível de atividade econômica, países desenvolvidos respondem pelo maior volume de emissões de GEE, mas, em anos recentes, a China superou as emissões dos Estados Unidos e da União Europeia, tornando-se o principal emissor. O Brasil está em quarto lugar.

EMISSÕES GLOBAIS DE GASES DE EFEITO ESTUFA POR SETOR ECONÔMICO

▶ SILVANA MARTINS

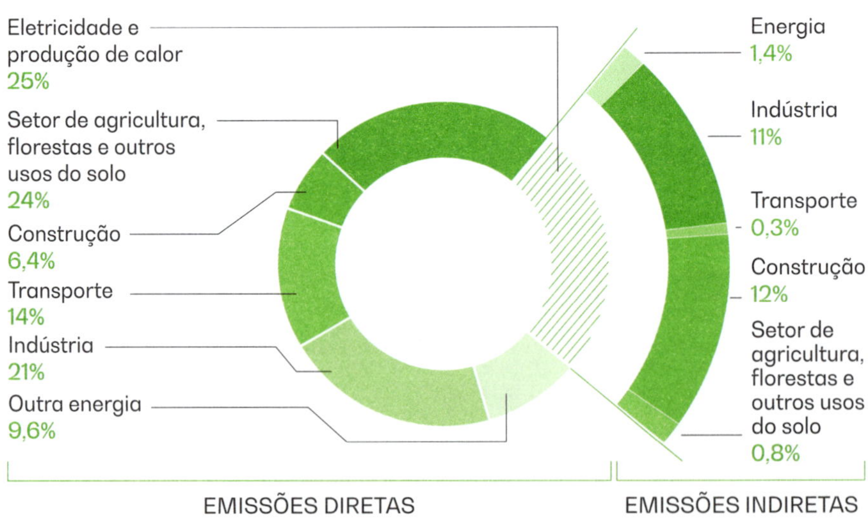

Fonte: IPCC 2014.

✻ Tente se lembrar de exemplos que ilustrem cada um desses setores.

Diferentes formatos de alerta

Em setembro de 2009, as escadarias do Concert Hall, em Berlim (Alemanha), amanheceram com um público diferente: mil pequenas esculturas de gelo foram instaladas pela artista brasileira Néle Azevedo, com apoio da ONG Fundo Mundial para a Natureza (WWF).

Intervenção urbana denominada *Monumento Mínimo/ Minimum Monument*, da artista Néle Azevedo. A obra apresentava pequenos homens de gelo que foram inseridos na paisagem urbana de 25 cidades de diferentes países, como Porto (Portugal), Florença (Itália) entre outras. Segundo a artista, a proposta do trabalho inicialmente era analisar o papel dos monumentos nas cidades contemporâneas, brincando com a noção de escala e perenidade. Ambientalistas, porém, identificaram na obra uma vocação para sensibilizar os espectadores sobre os efeitos das mudanças climáticas e os riscos do aquecimento global.

▼ Esculturas em gelo, feitas pela artista brasileira Néle Azevedo em 2009 nas escadarias do Concert Hall, em Berlim, Alemanha.
© NÉLE AZEVEDO / AUTVIS, BRASIL, 2022.
FOTO: MAYA HITIJ/AP/IMAGEPLUS

▶ ONU usa dinossauro em apelo pró-clima às vésperas da Conferência das Nações Unidas sobre Mudança do Clima de 2021 (COP 26).
ONU BRASIL

Mais de dez anos depois, às vésperas da Conferência das Nações Unidas sobre Mudança Climática de 2021, organizada pelo Programa das Nações Unidas para o Desenvolvimento (Pnud), um vídeo mostrando um dinossauro em realidade aumentada invadindo a Assembleia Geral das Nações Unidas foi divulgado como alerta.

No vídeo, um Tiranossauro Rex sobe no púlpito da Assembleia e discursa para líderes mundiais, alertando para os devastadores efeitos humanitários da crise climática. Ele destaca como políticas de subsídio a combustíveis fósseis contribuem para o agravamento do efeito estufa, e sobre como governantes têm feito pouco para combater o agravamento da fome no mundo. Dessa maneira, caminhamos a passos largos rumo à extinção humana, conclui o dinossauro.

Assim como o *T-Rex*, a comunidade científica, jornalistas, artistas e outros representantes da sociedade civil têm vocalizado nas últimas décadas suas preocupações quanto às ameaças ambientais que põem em risco nossa existência. Mas os discursos devem ser acompanhados de ações coordenadas e de um compromisso real de todos para combater o problema, mobilizando indivíduos, comunidades e governos por nosso futuro comum.

- Reflita sobre os alertas feitos pelo *T-Rex* e pela obra de Néle Azevedo. Discuta com os colegas sobre os possíveis impactos que essas ameaças têm sobre nosso planeta e nossas vidas.
- Você se lembra de recentemente ter tido acesso a outras obras, filmes ou documentários que também traziam alertas sobre a urgência de agirmos contra as mudanças climáticas? Compartilhe suas referências com os colegas.

Não é clarividência, é ciência!

A preocupação crescente com essas ameaças ambientais baseia-se em estudos e teorias que buscam medir os impactos das transformações ambientais no equilíbrio da biosfera.

Entre diversos estudos, o desenvolvido pelo cientista do clima Johan Rockström em colaboração com outros 28 cientistas renomados de diferentes partes do mundo merece destaque: o quadro de fronteiras planetárias. Ele busca definir os limites seguros para a existência da humanidade a partir de nove processos do "sistema Terra". Cada um desses processos dá suporte à vida em nosso planeta, e suas modificações podem acarretar profundos desequilíbrios nos ecossistemas, resultando, em situações extremas, na inviabilização da sobrevivência de diferentes espécies, inclusive a humana.

Na imagem apresentada na página seguinte, os limites seguros para o equilíbrio da biosfera estão sinalizados pelo círculo verde, no centro do gráfico. Três dessas fronteiras – relacionadas à perda da biodiversidade, ciclo de hidrogênio e mudanças climáticas – já foram cruzadas. No caso da fronteira das mudanças climáticas, a situação é agravada pelo fato de que as mudanças do clima e o aumento da temperatura média do planeta Terra impactam diretamente e de maneira negativa todas as demais fronteiras, podendo intensificar os demais processos. A imagem nos mostra, de maneira simplificada e didática, o retrato da crise climática que já estamos enfrentando.

Diante desse cenário, o que nos resta fazer? Buscar entender o que nos dizem os cientistas, compreender as alternativas que temos, compartilhar ao máximo esses conhecimentos com as pessoas ao nosso redor e conversar,

OS 9 LIMITES DO PLANETA

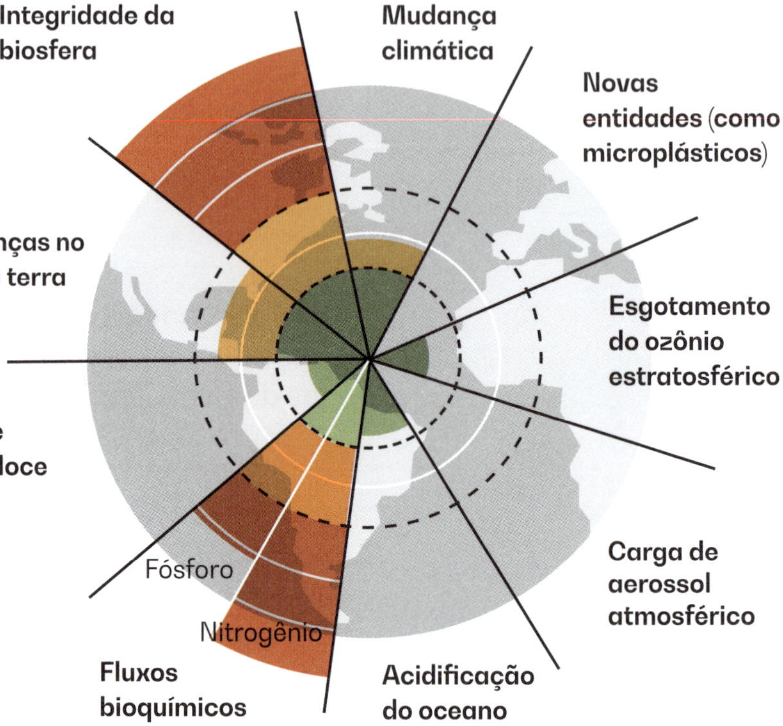

LEGENDA

ZONA SEGURA
ZONA DE RISCO CRESCENTE
ZONA DE RISCO ALTO

Fonte: Centro de resiliência de Estocolmo.

▶ SILVANA MARTINS

debater e negociar com nossos governantes, empresários e com toda a sociedade civil para frear as mudanças climáticas e recuperar a segurança para o nosso futuro. Vamos lá?

Apesar de vivermos em uma época em que o acesso à informação é facilitado, sabemos que há muita desinformação circulando quando o assunto é crise climática. Uma das críticas mais frequentes aos alertas sobre as mudanças do clima é de que não há evidências científicas suficientes para atestar o impacto da ação do homem sobre nosso planeta e sua relação com as transformações ocorridas. Essa abordagem negacionista desconsidera quase 200 anos de história da ciência climática, campo de estudo científico iniciado na década de 1820, que contribuiu para descobertas importantes, como a relação entre o acúmulo de certos gases em nossa atmosfera e o aquecimento global. Conheça a seguir alguns dos cientistas que contribuíram para a evolução desse conhecimento.

JOSEPH FOURIER (1768-1830)

Joseph Fourier foi um matemático e físico francês, assessor científico de Napoleão Bonaparte e membro da Academia Real Sueca de Ciências, é considerado o "descobridor" do efeito estufa. Fourier dedicou-se a estudar as razões pelas quais o planeta Terra é um planeta quente, apesar da distância do Sol. Ele propôs uma teoria na qual a Terra teria um tipo de "cobertor de ar" (nossa camada de ozônio) capaz de "prender" o calor irradiado pela superfície terrestre a partir da luz do Sol, gerando um equilíbrio térmico no planeta capaz de torná-lo habitável para nós. Intuitivamente, antes de descobertas científicas sobre a composição e as propriedades dos gases, Fourier imaginou e descreveu o efeito estufa, que seria comprovado décadas mais tarde.

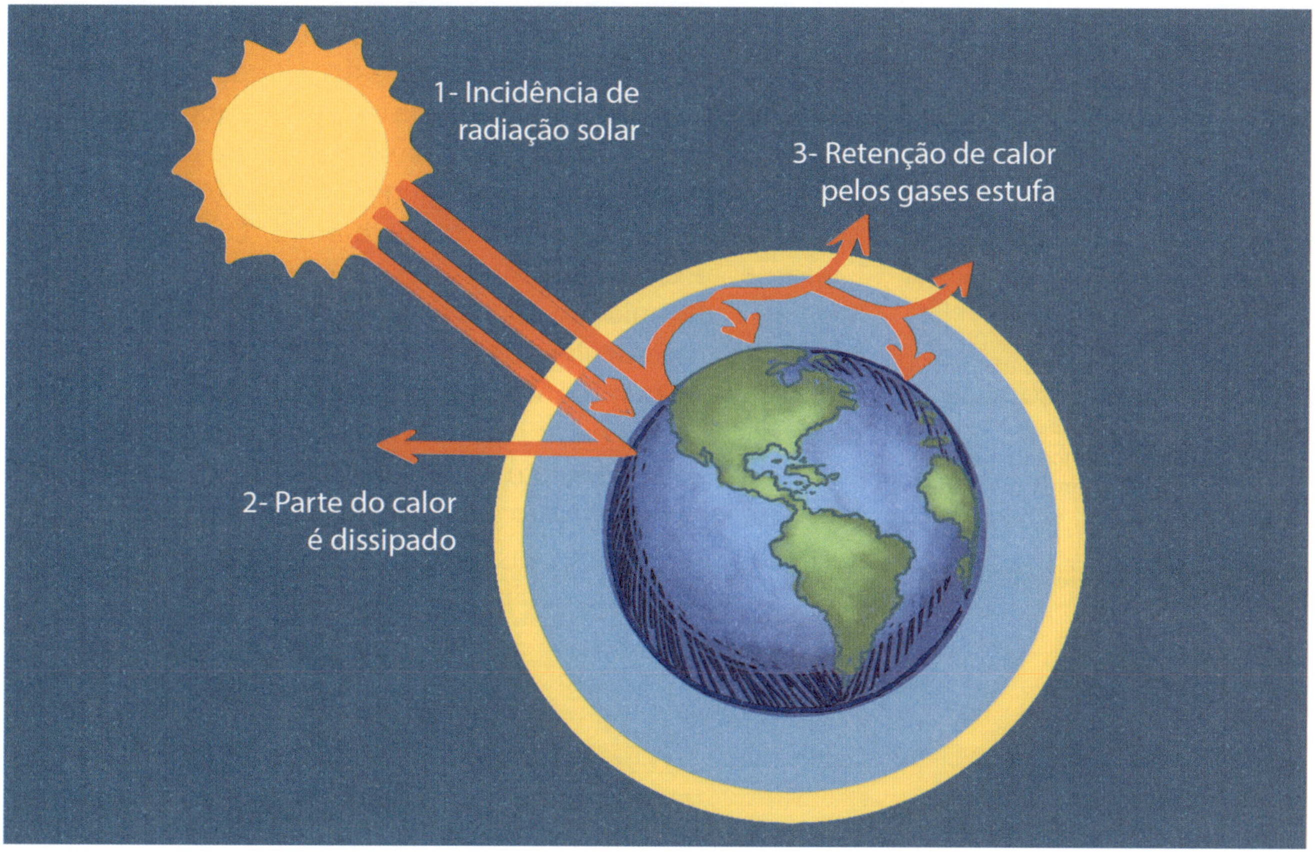

RAPHAELA CORS

JOHN TYNDALL (1820-1893)

John Tyndall foi um cientista irlandês, que comprovou, a partir de experimentos, que gases como o dióxido de carbono e o vapor de água são capazes de absorver calor, oferecendo uma explicação científica que comprovou a teoria proposta anos antes por Fourier.

SVANTE ARRHENIUS (1859-1927)

Svante Arrhenius foi um químico sueco e ganhador do Prêmio Nobel (1903), que calculou numericamente o impacto de uma maior concentração de dióxido de carbono sobre o aumento de temperatura na Terra. Arrhenius fez as contas manualmente — décadas antes da invenção do computador —, concluindo que, caso a quantidade de dióxido carbônico na atmosfera dobrasse em relação à concentração presente à época, a temperatura do planeta aumentaria em 5 °C. À época, essa parecia uma preocupação distante e descontextualizada, mas Arrhenius percebeu que a tendência era de intensificação das emissões de dióxido de carbono na atmosfera, dado o uso intensivo de combustíveis fósseis no mundo industrializado. Segundo as projeções feitas à época (1896), levaria cerca de 750 anos para que a humanidade emitisse a quantidade de CO_2 necessária para elevar a temperatura da Terra em 5 °C. Essa previsão, infelizmente, era subestimada: devido ao crescimento geométrico da economia mundial e considerando o refinamento de técnicas para calcular o volume de gases emitidos e seu impacto sobre o aumento da temperatura terrestre, estimamos atualmente que a humanidade terá dobrado a quantidade de dióxido de carbono na atmosfera até 2050. E é esse o principal fator de agravamento da situação climática hoje.

▼ Ao longo de 800 mil anos, a concentração de CO_2 na atmosfera oscilou entre 150 e 250 ppm (partes por milhão). Essas oscilações foram naturalmente causadas por mudanças no ciclo terrestre. Porém, perceba que, bem ao final do gráfico, quase na marcação do ano 2000, a concentração de CO_2 disparou, ultrapassando a marca de 400 ppm. Esse é o impacto humano sobre a atmosfera.

SILVANA MARTINS

CONCENTRAÇÃO MÉDIA DE DIÓXIDO DE CARBONO (CO_2) NA ATMOSFERA. MEDIDO EM PARTES POR MILHÃO (PPM)

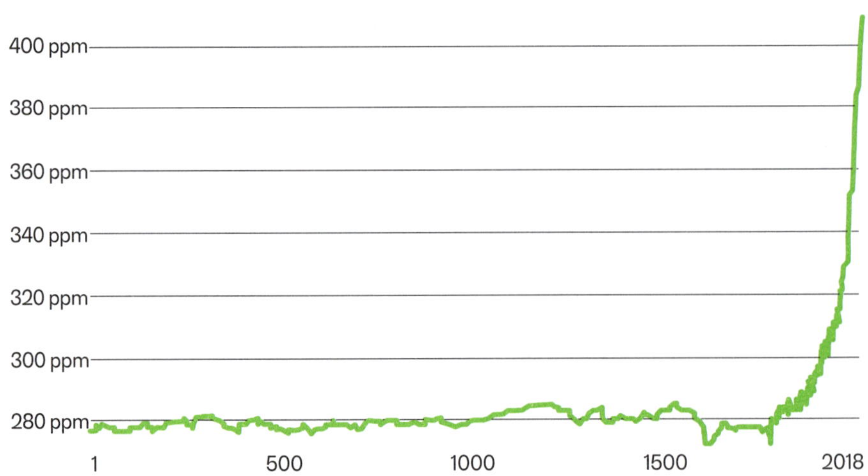

Fonte: NOAA/ESRL – Divisão de monitoramento global.

CHARLES KEELING (1928-2005)

Charles Keeling foi um climatologista americano, que dedicou sua carreira a medir os níveis de gás carbônico na atmosfera e nos oceanos, desenvolvendo aparelhos de medição, realizando experimentos contínuos no Havaí por mais de cinco décadas e ajudando a implementar sistemas de medição de CO_2 em outras partes do mundo. Os resultados dessas medições contínuas são usados para a construção de um gráfico de acúmulo de dióxido de carbono na atmosfera, chamado de Curva de Keeling, uma das obras científicas mais importantes do século XX, com papel didático para a sensibilização da população mundial ao aumento da concentração de CO_2 na atmosfera.

▼ Concentração de CO_2 na atmosfera ao longo dos meses, mostrando uma variação sazonal. Curva de Keeling, com base nos dados colhidos por Pieter Tans.
SILVANA MARTINS

CONCENTRAÇÃO MÉDIA MENSAL DE CO_2 1958-2020

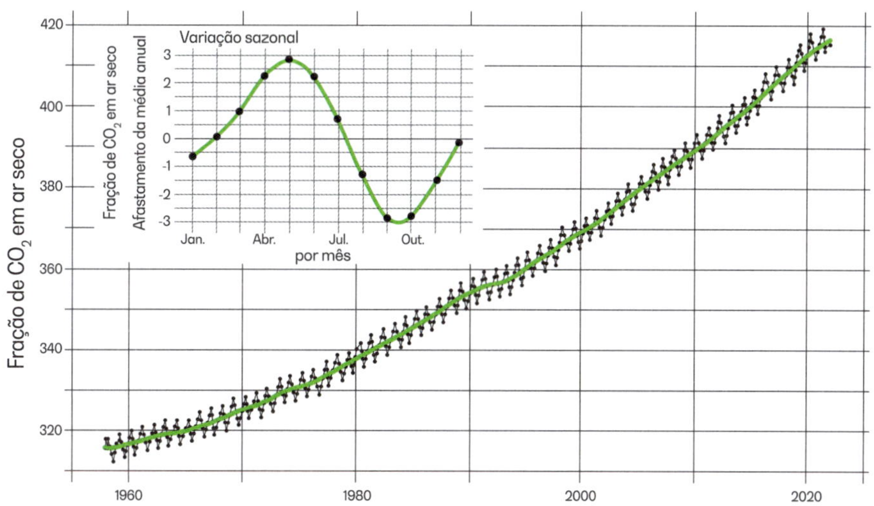

Fonte: NOAA/ESRL – Divisão de monitoramento global.

PAUL CRUTZEN (1933-2021)

Paul Crutzen foi um ativista ambiental, químico neerlandês e Prêmio Nobel de Química (1995), que realizou estudos sobre a química atmosférica, mais especificamente sobre o processo de formação e decomposição do ozônio na atmosfera, e foi responsável por compreender e explicar o efeito dos clorofluorcarbonetos (CFCs) no aumento do buraco na camada de ozônio na década de 1980. Também é conhecido por ter cunhado o termo antropoceno para se referir à influência humana sobre a era em que vivemos, incentivando a compreensão de nossa responsabilidade sobre as mudanças climáticas.

Esse estudo de vocabulário pode ser muito útil na próxima vez que você, por exemplo, estiver lendo uma notícia de jornal ou ouvindo alguém falar sobre mudanças climáticas. Aquilo que está sendo informado é um dado científico comprovado? Quem são os responsáveis por atestar aquela informação? De que maneira fazem isso? Reconhecer a seriedade e complexidade do processo de investigação científica e creditar corretamente os profissionais e instituições que dedicam suas carreiras à pesquisa – imparcial, sem ideologias ou achismos – funciona como uma "vacina contra a desinformação", tão necessária nos dias de hoje.

A partir das propostas e experiências aplicadas pelos cientistas mencionados — e muitos outros –, a comunidade científica pôde evoluir nos estudos e entendimentos das mudanças climáticas, alertando os governos e a sociedade em geral sobre suas causas e impactos. Essas descobertas são muito importantes para todos nós, por isso devemos conhecer as nomenclaturas relativas ao método científico apresentadas a seguir.

Hipótese é uma declaração positiva, negativa ou condicional sobre determinado fenômeno, que deve ter enunciado, estabelecer um nexo entre duas ou mais variáveis e ser testável, ou seja, comprovável a partir de experimentos ou observação.

Um achado é quando um pesquisador, durante a investigação científica, faz uma descoberta inédita, com potencial para orientar outras investigações e processos em seu campo de estudo.

Hipóteses testáveis e relacionadas entre si podem fundamentar a formulação de um modelo, que descreve de maneira plausível observações sobre dado fenômeno e busca prever resultados futuros para fenômenos análogos. O modelo, nesse sentido, tem o papel de facilitar a compreensão, representando uma versão simplificada de fenômenos e conhecimentos, sendo aplicados em diversos campos de estudo, em todas as áreas do conhecimento. Em um nível hierarquicamente mais alto do conhecimento científico, há ainda as teorias e as leis. As teorias têm caráter mais abrangente e geral, enquanto as leis, "regras máximas" da Ciência, limitam-se a definir processos universais e invariáveis dentro de determinada classe de fenômeno.

* Junte a turma e convide os professores de Ciências Biológias, Exatas ou Humanas para conversar com vocês sobre os processos de estudos científicos nas áreas às quais pertencem. Vocês podem ampliar o escopo da conversa abordando a vivência pessoal deles na profissão que exercem e buscando entender, por exemplo, como as políticas públicas do nosso país apoiam (ou não) o desenvolvimento científico brasileiro.

Estamos no mesmo barco, mas muitos não têm salva-vidas

Até aqui, você conheceu um pouco a evolução dos estudos climáticos e entendeu como o aquecimento global interfere no equilíbrio da biosfera, colocando em risco os sistemas da Terra, e também foi apresentado a alguns exemplos de desastres ambientais, como o derramamento de óleo no Golfo do México e o rompimento da barragem de Mariana. Vamos agora explorar um estudo de caso dos impactos do aquecimento global sobre a humanidade.

Fundamentalmente, os desastres ambientais, mesmo gerando impactos profundos, costumam afetar áreas específicas, com consequências circunscritas a determinados territórios. Já o aquecimento global, como o próprio nome diz, gera consequências sistêmicas em toda a biosfera. Mas será que todas as populações do mundo estão igualmente vulneráveis aos efeitos das mudanças climáticas?

A resposta é não. Segundo um informe divulgado pelo Painel Intergovernamental sobre Mudanças Climáticas (IPCC) durante a Conferência das Nações Unidas sobre as Mudanças Climáticas de 2021 (COP 26, que ocorreu em Glasgow, Escócia), caso os países não consigam limitar o aquecimento global a 1,5 °C até 2030 (em relação às temperaturas pré-industriais), o mundo poderá ampliar o número de 700 milhões de pessoas que vivem em extrema pobreza em 122 milhões – para se ter uma ideia da grandiosidade do problema, a população brasileira é estimada em 210 milhões de pessoas. Isso seria o resultado de uma combinação de fatores que envolve a escassez e o aumento no preço de alimentos, a piora da saúde da população e a queda de renda dos mais pobres.

▶ Na Austrália, em 2020, a mais violenta temporada de incêndios já registrada destruiu mais de 12 milhões de hectares de florestas, matando meio bilhão de animais. O coala, um dos símbolos do país, teve 30% de sua população dizimada. A temporada de incêndios, que durou mais de 4 meses, foi agravada por ondas de calor e secas, consequências das mudanças climáticas no país.
ANDREA IZZOTTI/ALAMY/FOTOARENA

Segundo esse mesmo relatório, nos últimos 30 anos, o setor agrícola internacional já sofreu uma queda de produtividade de 4-10% por conta das mudanças climáticas, e esse número tende a crescer: até 2050, mais de 80 milhões de pessoas e diversas populações serão vítimas da fome e da insegurança nutricional devido a estresse hídrico, perda de colheitas, incidência de pragas, perda de biodiversidade e aumento das concentrações atmosféricas de CO_2, que reduz a densidade de proteínas e outros nutrientes em alimentos. Segundo o IPCC, as produções agrícolas mais impactadas por esses fenômenos climáticos extremos serão aquelas da África Subsaariana, América do Sul e Central, sul e sudeste da Ásia e Mongólia.

Além disso, ondas de frio ou calor, incêndios, tempestades, inundações e secas também afetam de outras maneiras a vida de populações em meio urbano ou rural, com a destruição de casas, que vulnerabiliza famílias inteiras e danifica redes elétricas, de comunicações e transportes, paralisando cidades e comprometendo a manutenção de serviços essenciais, como hospitais, escolas e serviços públicos. A destruição de biomas e a perda de biodiversidade também são resultantes desse tipo de evento.

As consequências das mudanças climáticas já começaram a ser sentidas em todos os continentes, mas atingem países pobres e em desenvolvimento de maneira desproporcional, agravando a situação de populações vulneráveis. Internamente, o mesmo acontece: populações racializadas e periféricas sofrem de maneira mais intensa os efeitos do clima. E há ainda um recorte de gênero: segundo o presidente da Conferência do Clima (COP 26), Alok Sharma, 80% dos deslocados por desastres naturais e mudanças climáticas são mulheres e meninas.

✱ Pesquise sobre racismo ambiental e justiça ambiental e discuta com seus colegas o papel de governos, instituições públicas e da comunidade internacional para mitigar os efeitos da fome, da pobreza e das demais consequências decorrentes dos eventos climáticos extremos, como o fluxo de refugiados climáticos.

O que sabemos até agora e o que o mundo está fazendo a respeito?

Embora cientistas venham nos alertando há quase 200 anos sobre a íntima relação entre o equilíbrio terrestre e a química atmosférica e vejamos com nossos próprios olhos poluentes sendo emitidos por indústrias e meios de transporte, demoramos tempo demais para entender a mensagem.

Apenas em 1972, na Conferência de Estocolmo, os líderes globais se reuniram para discutir o clima. A partir de então, a comunidade científica internacional começou a ganhar maior visibilidade e, em meados da década de 1980, o cientista Paul Crutzen e seus colegas identificaram uma relação direta entre os CFCs — gases aerossóis utilizados pela indústria em geladeiras e latas de *spray* — e o surgimento de um buraco na camada de ozônio, identificado pela Nasa através de imagens de satélite. Em 1987, diante das evidências e da ampla pressão da opinião pública mundial, a comunidade internacional aprovou o Protocolo de Montreal, que bania o uso de CFCs.

No ano seguinte, as Nações Unidas, através do Programa das Nações Unidas para Meio Ambiente (Pnuma) e da Organização Meteorológica Mundial (OMM), estabeleceu o Painel Intergovernamental Sobre Mudanças Climáticas (IPCC) – organização científico-política que se consolidou como a maior autoridade internacional sobre o tema e recebeu o Prêmio Nobel da Paz de 2007, cujo objetivo é sistematizar e disseminar estudos sobre mudanças climáticas, além de divulgar relatórios com evidências científicas, projeções e recomendações para reverter ou mitigar os efeitos do aquecimento global. De 1990 a 2021, foram seis relatórios, e o último foi apresentado às vésperas da COP 26 como um grande alerta aos líderes globais e negociadores.

O 6º Relatório do IPCC em imagens

Os relatórios do IPCC dão embasamento científico e subsídios argumentativos para as partes envolvidas em discussões internacionais anuais. A Conferência das Partes (COP), instância deliberativa da Convenção-Quadro das Nações Unidas sobre Mudanças do Clima (UNFCCC), ocorre a cada dois anos para promover o intercâmbio de informações entre as delegações, examinar obrigações e definir mecanismos institucionais de controle e monitoramento entre os países, a fim de coordenar

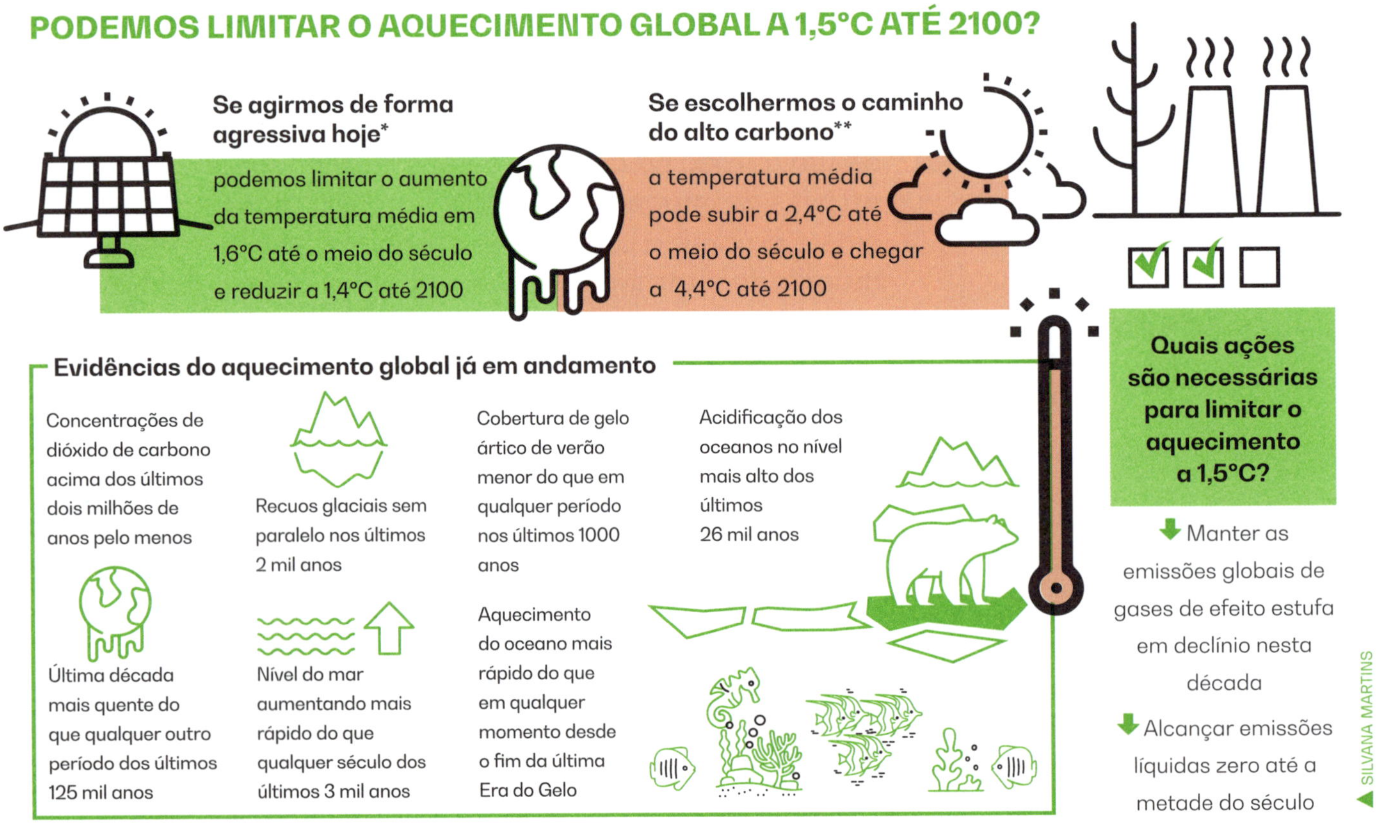

Fonte: IPCC 2022.

os esforços de reversão ou mitigação das mudanças climáticas, bem como monitorar inventários de emissão de gases de efeito estufa. Os encontros acontecem em diferentes cidades do mundo, intercalando os diferentes continentes.

Veja no quadro abaixo um resumo dos principais encontros internacionais realizados com enfoque na questão ambiental, desde os anos 1970. O quadro apresenta de maneira muito sintética os principais resultados de cada um desses encontros, assim como a lista de documentos publicados ao final da Eco 92, o Protocolo de Quioto ou o Acordo de Paris. Cada um desses documentos traz avanços nos entendimentos da comunidade internacional quanto os esforços que governos, empresas e sociedade devem fazer em prol do combate às mudanças climáticas.

▶ SILVANA MARTINS

Fonte: Marcos ambientais: linha do tempo dos 75 anos da ONU. *Site:* Unep.org. Concepção: Acervo Otávio Roth.

* Pesquise mais a respeito desses documentos e como repercutiram junto à comunidade internacional.

Histórias de quem pôs a mão na massa

Glaciares artificiais para estocar água, viveiros de plantas para preservar a biodiversidade, refundação de uma floresta e protestos pelo clima: conheça ativistas que desde bastante jovens se mobilizaram para gerar grandes transformações.

O CULTIVO DA FLORESTA DA TIJUCA

▲D. Pedro II, imperador do Brasil de 1840 a 1889.

BIBLIOTECA DO CONGRESSO, WASHINGTON D.C., EUA/ WIKIMEDIA.ORG

Durante o século XIX, a Floresta da Tijuca, no Rio de Janeiro, foi quase inteiramente destruída: a madeira das árvores era usada para a produção de carvão, e plantações de café e pastos foram ocupando o terreno. Influenciado por seu mentor, José Bonifácio de Andrade e Silva, que considerava a destruição das matas virgens que ocorria no Brasil da época um crime horrendo e indefensável diante do julgamento das futuras gerações, D. Pedro II desapropriou as fazendas da região em 1861, declarando a Floresta da Tijuca como Floresta Protetora e dando início a uma das mais pioneiras ações de preservação ambiental do mundo. Em apenas 13 anos, mais de 100 mil árvores, em sua maioria espécies nativas da Mata Atlântica, foram plantadas no Maciço da Tijuca. Cem anos após o início do reflorestamento, em 1961, a área de mais de 40 km^2 foi transformada em um Parque Nacional que conta com três setores de visitação – Floresta, Serra da Carioca e Pedra da Gávea – e abriga uma das sete maravilhas do mundo moderno: a estátua do Cristo Redentor, no Morro do Corcovado.

O DIREITO DE VIVER NO FRIO

Watt-Cloutier é uma ativista que pertence ao povo inuíte, que chamamos popularmente no Brasil de esquimós. Devido ao aquecimento global, a cultura, os costumes e o modo de viver em sociedade de seu povo estão ameaçados. A luta pelo direito de seu povo de viver no frio — e assim, através do viés cultural, combater também as mudanças climáticas – lhe rendeu a indicação ao Prêmio Nobel da Paz em 2007.

◀ Sheila Watt-Cloutier em Iqaluit, 2007.
CHRIS WINDEYER/THE CANADIAN PRESS/AP/IMAGEPLUS

O COMPROMISSO COM A AMAZÔNIA

▲ Protesto feito por indígenas contra os assassinatos de Bruno e Dom, ocorrido em junho de 2022
NELSON ALMEIDA/AFP

A Terra Indígena Vale do Javari é uma das reservas indígenas mais extensas do Brasil e concentra o maior número de povos isolados do Ocidente. Com o sucateamento de órgãos fiscalizadores e o afrouxamento de políticas de proteção, a região virou alvo da ação de madeireiros, garimpeiros e pescadores ilegais – aumentando a incidência de crimes ambientais e a ameaça à segurança de povos locais. Bruno Pereira, indigenista e servidor licenciado da Funai, e Dom Phillips, jornalista britânico freelancer, dedicaram suas carreiras a preservar a floresta e seus habitantes. Bruno foi um dos indigenistas mais experientes de sua geração, tendo contribuído para o fortalecimento de políticas de proteção aos povos indígenas isolados e para o combate ao garimpo ilegal. Dom sempre se interessou por causas sociais e, desde 2015, cobria pautas ambientais. Em 2018, Bruno e Dom viajaram juntos pela primeira vez ao Javari, onde Dom começou a pesquisa para seu livro *Como salvar a Amazônia*. Bruno e Dom foram assassinados em 5 de junho de 2022 durante uma viagem investigativa à região.

PELA BIODIVERSIDADE E PELAS MULHERES

▲ Wangari Maathai, ativista ambiental, fundadora do Cinturão Verde Pan-Africano.
MICHELINE PELLETIER/CORBIS/GETTY IMAGES

Wangari Maathai foi uma professora e ativista ambiental queniana, primeira mulher africana agraciada com um Prêmio Nobel (da Paz, em 2004) e fundadora do Green Belt Movement (Cinturão Verde Pan-Africano), uma organização não governamental ambiental voltada ao plantio de árvores, à conservação ambiental e aos direitos das mulheres.

Ao voltar às paisagens de sua infância, a ativista percebeu que os rios estavam secando e o solo estava empobrecido. Em 1977, ela iniciou um movimento de mulheres, que recolhiam sementes de árvores nativas, cultivavam mudas em viveiros e as replantavam em seu hábitat. O movimento garantia um pequeno pagamento às mulheres envolvidas no projeto e, assim, o Cinturão Verde combatia a desertificação, o estresse hídrico, a escassez de alimentos e fortalecia social e economicamente mulheres em situação de vulnerabilidade.

O INVENTOR DO MALAUI

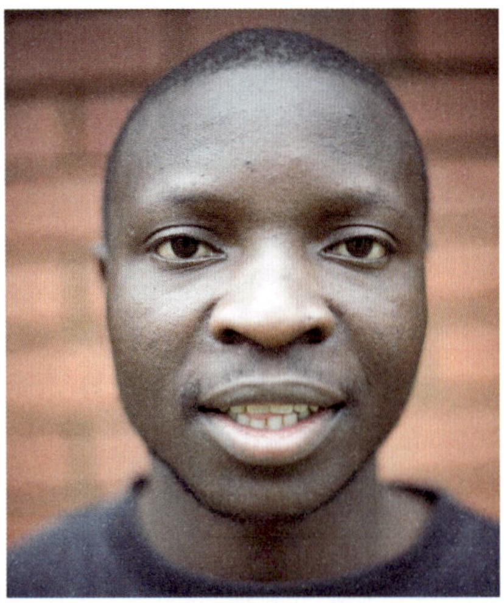

▲ William Kamkwamba, o "menino que descobriu o vento".
LUCAS OLENIUK/TORONTO STAR/GETTY IMAGES

Com apenas 14 anos, o inventor William Kamkwamba utilizou peças de um ferro-velho para construir um moinho de vento capaz de gerar energia elétrica para sua família, em uma região carente do Malaui. Sua história ficou mundialmente famosa por meio do livro *O menino que descobriu o vento* e, posteriormente, do filme com mesmo nome e enredo. Kamkwamba utilizou a visibilidade e os recursos provenientes da fama repentina para seguir com os estudos de Engenharia Ambiental nos Estados Unidos e voltar à sua vila, promovendo melhorias na região: em 2011, ele construiu um poço de águas profundas com uma bomba movida a energia solar para abastecer sua aldeia. Também inaugurou uma fábrica de moagem de milho e patrocinou um time de futebol local, ajudando jovens da aldeia a encontrar motivação e foco através do esporte.

SEXTAS PELO FUTURO

▲ Greta Thunberg, fundadora do movimento Greve das escolas pelo clima.
TT NEWS AGENCY/ALAMY/FOTOARENA

Aos 7 anos, Greta Thunberg ouviu falar pela primeira vez sobre as mudanças climáticas. Seus colegas pareciam ter ficado tão surpresos e assustados quanto ela, porém, após a aula, eles voltaram a outras atividades e acabaram esquecendo do assunto. Greta não. Ela continuou preocupada e interessada no tema e gradativamente foi adotando mudanças em sua vida para reduzir seus impactos ambientais. Tornou-se vegana, parou de andar de avião e repensou as práticas de consumo, até que, em 2018, aos 15 anos, chamou a atenção do mundo ao decidir protestar em frente ao parlamento sueco diariamente durante o período escolar. A jovem ativista se recusava a estudar em um mundo no qual seu futuro era incerto. O que começou como um ato de protesto individual acabou se tornando um movimento global que conta com o apoio de jovens de todo o mundo e busca pressionar líderes globais a agir de maneira mais enfática contra as mudanças climáticas.

COMO ESTOCAR ÁGUA NO INVERNO

▲ Sonam Wangchuk, criador de glaciares artificiais.
TED ALJIBE/AFP

Em 2013, o engenheiro e educador indiano da cidade de Ladakh, Sonam Wangchuk, inventou a "estupa", uma espécie de glaciar artificial capaz de armazenar água congelada em regiões montanhosas até a primavera, quando camponeses necessitam de irrigação para suas plantações. Devido às mudanças climáticas, as geleiras dos Himalaias têm diminuído, afetando diretamente as populações da região de Ladakh. Mas a invenção de Wangchuk não serve apenas às montanhas indianas: em 2021, a técnica foi trazida por cientistas para a região dos Andes, no Chile. Com a iniciativa, comunidades da região esperam armazenar mais de 100 mil litros de água durante o inverno para utilizar nas plantações durante a primavera e o verão, mitigando os efeitos de uma seca que afeta o país há quase uma década.

O que você pode fazer a respeito?

Essa senhora simpática da foto ao lado se chama Mary Robinson. Ela foi a primeira mulher presidenta da Irlanda (1990-1997) e Alta Comissária das Nações Unidas para os Direitos Humanos (1997-2002). É também autora do livro *Justiça climática* (2021) e presidente da The Elders, uma organização não governamental fundada pelo ex-presidente sul-africano Nelson Mandela em 2007, que reúne líderes globais em defesa da paz e dos direitos humanos. *The Elders* significa "Os mais velhos", em português. A proposta do grupo é engajar líderes experientes na reflexão e mobilização para o enfrentamento de desafios contemporâneos.

Em *Justiça climática*, Robinson dá voz a depoimentos comoventes sobre os efeitos das mudanças climáticas na vida de pessoas de lugares tão diversos quanto Irlanda, Quênia, Vietnã, Estados Unidos ou Kiribati. Apesar dos cenários de destruição marcados por grandes enchentes, incêndios, *tsunamis* ou tempestades tropicais, as vozes que narram o livro trazem também uma mensagem de resiliência e esperança no futuro. O eixo condutor, apesar das adversidades enfrentadas, leva-nos a reafirmar a crença no poder dos encontros e dos diálogos e na busca criativa por caminhos e soluções que promovam um mundo mais justo e sustentável. Robinson deixa três lições sobre como lidar com as adversidades, seguir em frente e ainda gerar um impacto positivo no mundo em que vivemos:

- Faça das mudanças climáticas um problema seu e melhore hoje algo que você deixou de fazer ontem.
- Zangue-se com todos aqueles que não assumem responsabilidades.
- Imagine o mundo que queremos.

◀ Mary Robinson, ativista pelos direitos humanos e pela conscientização em relação às mudanças climáticas, em entrevista coletiva durante conferência realizada em 2016.
ORLANDO SERRA/AFP

* O que Mary Robinson quer dizer quando propõe "fazer das mudanças climáticas um problema seu"? Como você aplicaria essa lição em sua vida? Troque ideias com seus colegas sobre ações que vocês podem aplicar no cotidiano, na escola e no bairro onde moram.

Movimentos para transformar o mundo

Quando pensamos em ações que podemos incorporar a nossas vidas para contribuir para um mundo melhor, talvez a primeira coisa que venha à mente sejam pequenos hábitos cotidianos e individuais que podem ser revistos ou melhorados, como consumir de maneira mais consciente, optar por meios de transporte mais sustentáveis, controlar o gasto de energia e água etc. Embora essas medidas sejam importantes, aprendemos, ao longo do estudo de caso, que reverter o cenário climático hoje envolve ações muito mais drásticas, que deverão ser tomadas de maneira orquestrada por países inteiros, em acordo entre nossos governos e setores produtivos, de energia e transportes. Nesse contexto, a pergunta que fica é: Como podemos contribuir para pressionar nossos líderes a agir?

Você pode relembrar o exercício de Ikigai, proposto no Capítulo 2, e pensar em maneiras de transformar o mundo através do seu trabalho. Nesse caso, o que você poderia fazer? Imagine profissões que possam contribuir de maneira direta ou criativa para combater os efeitos das mudanças climáticas (vale pensar em ser cientista ou cineasta, político ou administrador de empresas). Você também pode pensar em maneiras de apoiar causas para além do trabalho, como uma ação voluntária. Para se inspirar, reúna-se com seus colegas para pesquisar e pensar em iniciativas que já existam no bairro ou na cidade de vocês para promover impactos ambientais positivos ou advogar pela causa climática junto ao poder público local.

A seguir, são listadas algumas iniciativas brasileiras como inspiração, mas não deixem de ampliar essa pesquisa.

- O Engajamundo fortalece jovens brasileiros em "ferramentas de participação, incidência e autoconhecimento, para que se vejam como agentes de transformação e parte da solução para os problemas socioambientais do Brasil e do mundo". Existem núcleos do projeto em diversas capitais, atuando em temáticas como biodiversidade, clima, cidades, comunidades sustentáveis, gênero e agendas do desenvolvimento sustentável (https://www.engajamundo.org/sobre/#quem-somos).
- O Instituto Akatu tem a missão de "educar e comunicar em escala, atuando como ativista de um novo modelo mental e de comportamento que leve as pessoas a adotar estilos sustentáveis de vida refletidos na prática do consumo consciente e da produção responsável" (https://akatu.org.br/).
- A Fundação SOS Mata Atlântica "atua na promoção de políticas públicas para a conservação da Mata Atlântica por meio do monitoramento do bioma, produção de estudos, projetos demonstrativos, diálogo com setores públicos e privados, aprimoramento da legislação ambiental, comunicação e engajamento da sociedade". Entre os projetos da Fundação, o Observando os Rios reúne "comunidades e as mobiliza em torno da qualidade da água de rios, córregos e outros corpos d'água das localidades onde elas vivem" (https://www.sosma.org.br/).

Liste os outros movimentos e/ou iniciativas pesquisados. Compare seus formatos, estratégias e estruturas. Que objetivos cada um desses projetos alcançam? Como mapeiam e comunicam os impactos de suas ações? Será que você e seus colegas podem somar esforços junto a alguma dessas organizações, contribuindo direta ou indiretamente para suas campanhas e projetos?

Ou que tal, ainda, utilizar esse levantamento como uma pesquisa de referência para começar um movimento na sua própria escola?

TÓPICO 2

Somos capazes: diálogo e construção de consensos

Sealand, o autointitulado menor país do mundo

ARTIGO DE LEI

Todo ser humano tem direito a uma ordem social e internacional em que os direitos e liberdades estabelecidos na presente Declaração possam ser plenamente realizados.

ARTIGO 28º DA DECLARAÇÃO UNIVERSAL DOS DIREITOS HUMANOS

Às vésperas do Natal de 1966, um ex-major do exército britânico chamado Paddy Roy Bates invadiu ilegalmente uma base militar desativada no Mar do Norte, localizada em águas internacionais disputadas. Nove meses depois, em um gesto romântico em homenagem ao aniversário de sua esposa, Joan, Bates declarou a velha base militar como Principado de Sealand – intitulando ele próprio e sua companheira como príncipe e princesa de Sealand. O casal se mudou para a base com seus três filhos e, ao longo dos anos, convidaram outras pessoas para morar com eles na recém-criada micronação. Ao longo dos anos 1970, o "principado" contou com mais de 50 habitantes, incluindo familiares, amigos e funcionários da base.

De lá para cá, Sealand desenvolveu uma constituição própria, brasão, bandeira, hino nacional, time de futebol, selos oficiais, passaporte e um lema, "*E Mare, Libertas*" (Do mar, liberdade). O administrador do principado recebe cerca de 100 *e-mails* por dia, de todas as partes do mundo, de pessoas interessadas em adquirir cidadania.

▶ A ex-base militar HM Fort Roughs, desativada pelo exército britânico após a Segunda Guerra Mundial, tornou-se território do autodeclarado Principado de Sealand em 1966.
BEN STANSALL/AFP

Sealand não é um caso isolado. Há no mundo centenas de micronações autoproclamadas, que variam de um a algumas dezenas de milhares de habitantes. Algumas sobrevivem por poucos dias; outras, como Sealand, perduram já há décadas. Algumas chegam a criar seus próprios símbolos nacionais, outras não passam de um exercício criativo, solitário ou compartilhado por "compatriotas".

Em alguns casos, as micronações se declaram independentes em territórios internacionais, mas, na maioria das vezes, a soberania é autodeclarada de maneira ilegal dentro de outros territórios. É o caso de um jovem americano de apenas 13 anos chamado Robert Ben Madison, que, em 1979, declarou a independência de seu quarto e fundou o Reino de Talossa. Ele mobilizou amigos da rua e da escola para se tornarem cidadãos de seu país. Anos mais tarde, Madison fundaria a Liga dos Estados Secessionistas, uma espécie de organização voltada exclusivamente para micronações como Talossa.

Esse fenômeno chama-se micronacionalismo e configura-se pelo processo de concepção e simulação de estruturas nacionais em escala ultrarreduzida. Trata-se fundamentalmente de um *hobby* praticado por entusiastas e curiosos ao redor do mundo pelo menos desde o século XIX.

* Você já tinha ouvido falar em micronações? À primeira vista, essa notícia pode soar engraçada ou excêntrica, mas isso não a torna falsa. Para além de uma mera curiosidade, o caso das micronações pode nos fazer enxergar de outra maneira conceitos, sistemas e símbolos que fazem parte da nossa vida como cidadãos. Converse com seus colegas de turma e reflita: Por que é engraçada, e até absurda, a ideia de uma pessoa sozinha ou um pequeno grupo decidir fundar um país? Para aprofundar a reflexão, utilize as perguntas a seguir.
* Você sabe o que constitui um país?
* Qual é a diferença entre Estado, governo e nação?
* Em que momento da história se formaram os Estados modernos?
* Por que parece absurda a ideia de criar um Estado artificialmente?

▲ Gustavo Torrezan, durante uma residência artística na Escola Municipal Benvinda do Jardim Canadá, na cidade mineira de Nova Lima, criou a Convenção Mundial dos Países Imaginários, realizada em 2019. O artista plástico e pesquisador trabalhou durante um mês com um grupo de estudantes do 3º ano do Ensino Fundamental. Durante o período, os alunos foram convidados a imaginar países com escrita, idioma, bandeira, indumentárias e códigos próprios. O exercício resultou em uma reflexão sobre as noções de nação e identidade e contribuiu para que os alunos refletissem sobre futuros alternativos possíveis.

GUSTAVO TORREZAN

País, território, Estado, nação

PAÍS

▼ À esquerda, obra *Lição*, de Gustavo Torrezan, com a bandeira do Brasil dobrada segundo o protocolo oficial dos Estados Unidos. À direita, a versão da mesma bandeira criada para o desfile da escola de samba Mangueira, em 2019, com outras cores e com a substituição de "Ordem e progresso" por "Índios, negros e pobres".
GUSTAVO TORREZAN • ALEXANDRE BRUM/ ESTADÃO CONTEÚDO/AE

A palavra país, tão comumente empregada, é um termo bastante genérico, que carrega um grande universo de sentidos: refere-se à relação entre um Estado e seu território e tudo o que há nele, desde características geográficas até aspectos socioculturais e econômicos. Ou seja, um país é o conjunto de pessoas e processos circunscritos a determinado território, dentro de fronteiras estabelecidas, administrado e assistido por um poder soberano que se materializa através de instituições.

Há de se considerar também a temporalidade, ou seja, a história que culminou na criação de determinado país. Em geral, há uma ou várias histórias comuns, vividas pelo povo, que convergem para a construção de um país.

Segundo a Constituição Federal, nosso país tem quatro símbolos oficiais: a Bandeira Nacional, o Hino Nacional, as Armas Nacionais e o Selo Nacional, que têm o papel de sintetizar nossa essência, história e potência enquanto país. Mas isso é um desafio diante de uma sociedade tão diversa, com histórias plurais e dolorosas, afinal, quase nunca as histórias que convergem para a construção de um país são pacíficas ou democráticas. Um exemplo é a configuração territorial dos países africanos, moldados a partir de uma lógica administrativa colonial europeia; outro é extermínio dos povos nativos durante a expansão e a colonização do Meio-Oeste dos Estados Unidos.

* Cada país tem seus próprios protocolos sobre como armazenar, transportar e dispor sua bandeira nacional. Observe as imagens da próxima página e reflita e discuta com seus colegas sobre o que o artista parece sugerir ao dobrar a bandeira brasileira de acordo com o procedimento estadunidense, considerando o histórico do relacionamento entre Brasil e EUA.

TERRITÓRIO

O território, por sua vez, é o espaço geográfico demarcado sobre o qual se estabelecem relações de poder e/ou soberania.

Quando você pensa nas fronteiras do Brasil, provavelmente se lembra dos limites terrestres que compartilhamos com algum de nossos vizinhos latino-americanos, cujo estabelecimento envolvem dinâmicas de deslocamento internas, muitos conflitos (alguns que terminam em guerra) e esforços diplomáticos.

Mas, dos nossos 23 102 km de extensão de fronteiras, quase um terço (7 367 km) é de fronteiras marítimas. E essas, assim como outras questões legais relativas ao espaço marítimo, são reguladas pelo Direito Internacional.

Veja, na página ao lado, os limites das nossas fronteiras, observando as definições estabelecidas pela Convenção das Nações Unidas sobre o Direito do Mar (Montego Bay, [a. 1982, v. 1994]), um tratado multilateral que codificou costumes do Direito Internacional relacionados a questões marítimas e estabeleceu o Tribunal Internacional do Direito do Mar, ao qual compete o julgamento de controvérsias relacionadas à interpretação e aplicação do tratado.

AMAZÔNIA AZUL

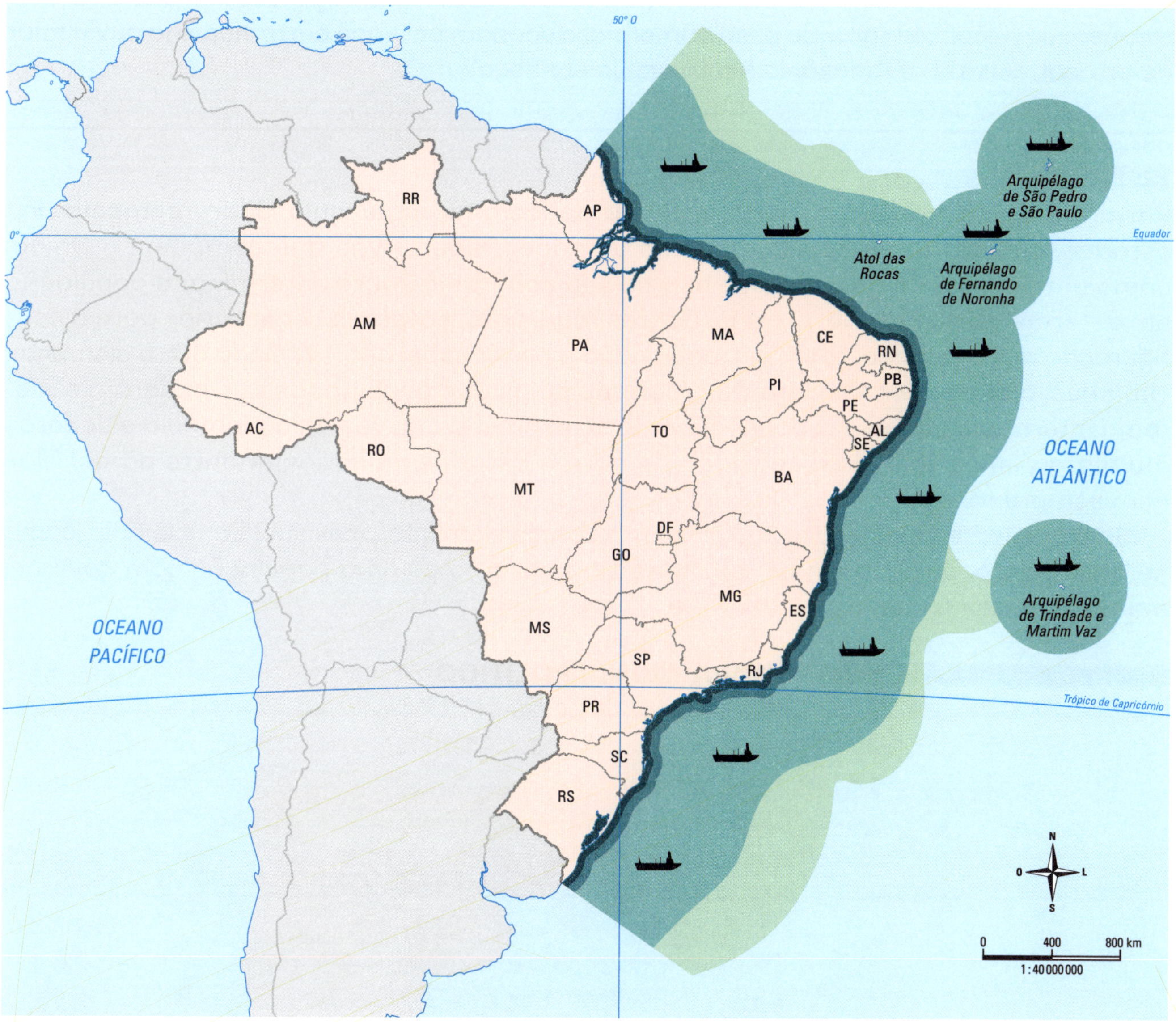

AMAZÔNIA AZUL – aproximadamente 4,5 milhões km²

Mar territorial
Faixa de 12 milhas náuticas (22 km) da costa, na qual o Estado/país tem soberania absoluta sobre os recursos naturais e trânsito de embarcações daquele território.

Zona contígua
Controle de uma área de até 12 milhas náuticas, adicionalmente às 12 milhas do mar territorial.

Zona Econômica Exclusiva (ZEE) – 3,5 milhões km²
Faixa localizada entre 12 e 200 milhas (370 km) do litoral (exceto se o limite exterior for mais próximo de outro Estado/país), na qual há o controle de todos os recursos vivos e não vivos da água, do solo e subsolo, porém o trânsito de embarcações é livre.

Extensão da plataforma continental – 963 mil km²
Faixa de terra submersa existente em todo o litoral. O Brasil pleiteia na ONU a extensão dos limites de sua plataforma continental, o que significa ampliar o limite da ZEE de 200 para 350 milhas (658 km) da costa. A medida aumentaria em 963 km² o território.

ALESSANDRO PASSOS

Fonte: Marinha do Brasil

A definição de fronteiras marítimas, especialmente para um país com a vastidão litorânea do Brasil, é central para a garantia da integridade territorial e segurança nacional, mas é também um fator com grande peso comercial e econômico. Você certamente já ouviu falar do pré-sal, certo? E a Amazônia Azul, você já conhece?

ESTADO

Para fins legais e políticos, definimos Estado (com "e" maiúsculo, diferentemente dos estados, com letra minúscula, que são unidades federativas que compõem a União) como um sistema de governo que exerce sua soberania sobre determinada população em determinado território. Ou seja, há três requisitos materiais necessários para a configuração de um Estado: território, população e poder soberano. Há ainda outro elemento, subjetivo, que é o reconhecimento creditado pelos demais Estados que integram o Sistema Internacional. Esse reconhecimento se expressa através da diplomacia e de foros multilaterais, ou seja, na disposição de outros Estados de negociar entre pares. Mas nem sempre foi assim.

Será que existem situações nas quais um desses elementos inexiste? Por exemplo, como nomear uma população em um território sem governo ou uma população com governo, mas sem território?

MAPA-MÚNDI POLÍTICO

Fonte: IBGE. **Atlas geográfico escolar.** 8. ed. Rio de Janeiro: IBGE, 2018. p. 32.

* Pense em qualquer país do mundo e visualize mentalmente cada um dos elementos considerados necessários para que ele possa ser considerados efetivamente um Estado (território, população e poder soberano). É válido buscar informações na internet sobre micronações após reler os textos do início deste tópico. O interessante ao se estudar esse fenômeno é justamente entender a tentativa de se forjar artificialmente uma população ou uma noção de soberania, ignorando os processos históricos tradicionalmente necessários para sua configuração de forma a compor o que se define oficialmente como Estado.

NAÇÃO

O conceito de país, bastante amplo, considera uma dimensão de identidade cultural, costumes e valores compartilhados pela população. A essa identidade, é possível associar o conceito de nação, que se refere justamente ao sentimento de identificação e pertencimento de um grupo a um conjunto de ideias/códigos culturais, sociais, étnicos, religiosos etc. Segundo o cientista político italiano Norberto Bobbio:

> Em nome da Nação se fizeram guerras, revoluções, modificou-se o mapa político do mundo. Normalmente a Nação é concebida como um grupo de pessoas unidas por laços naturais e que, por causa desses laços, se torna a base necessária para a organização do poder sob a forma do Estado Nacional.
>
> BOBBIO, Norberto; MATTEUCCI, Nicola; PASQUINO, Gianfranco. **Dicionário de Política**. 13. ed. Brasília, DF: Editora Universidade de Brasília, 2007.

◀ Dos 195 países reconhecidos pela comunidade internacional atualmente, 193 são Estados-membros das Nações Unidas e dois, Vaticano e Palestina, têm *status* de Estados observadores. Ao olharmos a superfície terrestre, podemos notar que todos os territórios do planeta (exceto oceanos e Antártica) dividem-se como domínios dos Estados, os quais são muito diferentes entre si em população, território e tipo de governo.
ALESSANDRO PASSOS

O conceito de nação tal como aplicado hoje, com sentido político, surgiu apenas durante a Revolução Francesa. E foi somente no século XIX que, de fato, consolidou-se uma consciência da nação enquanto base legítima para a afirmação de um poder político soberano.

Compreender que a noção de identidade nacional está ligada à população, não ao território, é fundamental. Assim, determinado grupo pode se identificar com uma identidade nacional mesmo que não esteja localizado no mesmo território – ou esteja alocado em um território sobre o qual não possui um poder próprio soberano. Bons exemplos disso são movimentos separatistas, como os curdos, que autodenominam a região onde vivem – um território internacionalmente reconhecido como parte de outros cinco Estados – de Curdistão. Ou os bascos, que reivindicam o País Basco, localizado entre o extremo norte da Espanha e o extremo sudoeste da França, ao qual se vinculam histórica e culturalmente.

* Você já tinha ouvido falar em **separatismo**? Movimentos separatistas são grupos organizados de pessoas que buscam emancipar-se do poder do Estado ao qual pertencem. Os motivos que levam a esse desejo podem ser étnicos, culturais, políticos, religiosos, econômicos, entre outros.
* Dividam-se em grupos e pesquisem alguns dos movimentos separatistas listados a seguir. Busquem compreender as causas desses movimentos, o período em que ocorreram e o seu desfecho (se houver). Prestem atenção nas informações, em cada um desses casos, a respeito de possíveis violações de Direitos Humanos.

- Farroupilha (Brasil, 1835-1845)
- República do Texas (América do Norte, 1836-1846)
- Guerra de Independência de Bangladesh (Sul asiático, 1971)
- Questão Curda (Eurásia)
- Tibete (Ásia Central)
- Conflitos na Irlanda do Norte (1968-1998)

PAÍSES COM POPULAÇÃO CURDA

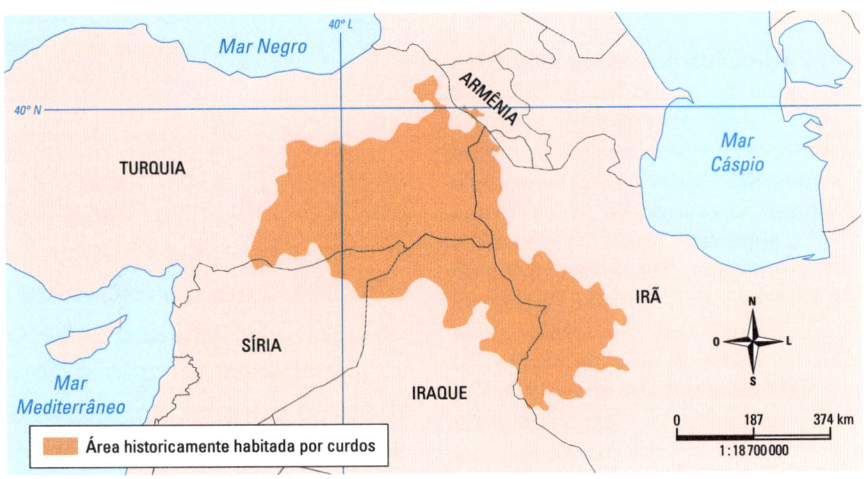

Fonte: CIA – BBC.

▶ Os curdos representam uma população estimada entre 25 e 35 milhões de habitantes, distribuída em uma região montanhosa que se subdivide em cinco países do Oriente Médio. Apesar de estarem entre os maiores grupos étnicos da região, nunca conseguiram estabelecer um governo próprio.
ALESSANDRO PASSOS

A Paz de Westphalia

A noção de Estado Moderno surgiu em 1648, com a celebração de tratados que puseram fim à Guerra dos Trinta Anos entre o Sacro Império Germânico, França e Suécia. Essas negociações definiram as bases para a solução do conflito e para o desenvolvimento de relações menos hostis entre os governos europeus em disputa e ficaram conhecidas, em conjunto, como Paz de Westphalia. Pela primeira vez, regras e convenções sobre as características e atribuições dos Estados e sobre a dinâmica de operação do Sistema Internacional foram estabelecidas sem a intermediação da Igreja Católica, que atuava como mediadora e árbitra de litígios e disputas entre Estados europeus desde a Idade Média. Um exemplo dessa mediação foi o Tratado de Tordesilhas.

Em linhas gerais, a Paz de Westphalia buscava estabelecer garantir um equilíbrio europeu anti-hegemônico pautado no nivelamento de poderes e na manutenção de uma diplomacia permanente. Ou seja, é a partir de Westphalia que os Estados começam a respeitar a soberania uns dos outros, deixando de tentar interferir em questões internas de outros países, como ocorria nas sucessões reais. Em

▶ O Tratado de Tordesilhas (1494), que estabeleceu uma divisão do mundo entre as potências europeias da época, Espanha e Portugal, foi ratificado pelo papa espanhol Alexandre VI. Até a Paz de Westphalia, a figura papal exercia autoridade divina sobre as monarquias católicas do continente, legitimando posses, casamentos, reinados e acordos. Ao lado, Planisfério Cantino, mapa do século XV.

BIBLIOTECA ESTENSE, ITÁLIA/WIKIMEDIA.ORG

Westphalia, reitera-se o conceito jurídico *pacta sunt servanda*, originário do Direito Canônico medieval do século XIII, que reforça o dever moral dos países em honrar seus compromissos internacionais.

O TRATADO DOS TRATADOS

A partir dos tratados apresentados neste livro, você consegue imaginar a definição desse conceito? Tratados são acordos escritos, regidos pelo Direito Internacional, e negociados livremente entre Estados e/ou organizações internacionais. Embora sejam instrumentos aplicados há séculos como forma de solucionar disputas e controvérsias entre países, foi só em 1969 que a comunidade internacional se mobilizou para elaborar uma espécie de "manual" com o objetivo de regular a celebração e a aplicação desses instrumentos.

A Convenção de Viena sobre o Direito dos Tratados (1969), que atualmente conta com a adesão de 114 países, é um documento elaborado pela Comissão de Direito Internacional (CDI) das Nações Unidas que regula especificamente acordos celebrados entre Estados, inclusive os constitutivos de organismos internacionais. A convenção levou 20 anos para ser elaborada e mais 11 para que finalmente entrasse em vigência (1980), e o objetivo principal de seus idealizadores era criar um código orgânico de regras, em concordância com as práticas costumeiras do Direito Internacional, que consolidasse os acordos como mecanismos para desenvolver a cooperação pacífica entre as nações, independentemente de seus sistemas constitucionais e sociais internos.

A seguir, leia trechos do preâmbulo da Convenção de Viena sobre o Direito dos Tratados para identificar os princípios que orientam na celebração da convenção e, consequentemente, de tratados em geral.

> Afirmando que as controvérsias relativas aos tratados, tais como outras controvérsias internacionais, devem ser solucionadas por meios pacíficos e de conformidade com os princípios da Justiça e do Direito Internacional,
>
> Recordando a determinação dos povos das Nações Unidas de criar condições necessárias à manutenção da Justiça e do respeito às obrigações decorrentes dos tratados,
>
> Conscientes dos princípios de Direito Internacional incorporados na Carta das Nações Unidas, tais como os princípios da igualdade de direitos e da autodeterminação dos povos, da igualdade soberana e da independência de todos os Estados, da não intervenção nos assuntos internos dos Estados, da proibição da ameaça ou do emprego da força e do respeito universal e observância dos direitos humanos e das liberdades fundamentais para todos,
>
> Acreditando que a codificação e o desenvolvimento progressivo do direito dos tratados alcançados na presente Convenção promoverão os propósitos

das Nações Unidas enunciados na Carta, que são a manutenção da paz e da segurança internacionais, o desenvolvimento das relações amistosas e a consecução da cooperação entre as nações,

Afirmando que as regras do Direito Internacional consuetudinário continuarão a reger as questões não reguladas pelas disposições da presente Convenção, convieram no seguinte [...]

BRASIL. **Decreto nº 7.030**, de 14 de dezembro de 2009. Promulga a Convenção de Viena sobre o Direito dos Tratados, concluída em 23 de maio de 1969, com reserva aos Artigos 25 e 66. Brasília, DF: Presidência da República, 2009. Disponível em: http://www.planalto.gov.br/ccivil_03/_ato2007-2010/2009/decreto/d7030.htm. Acesso em: 4 mar. 2022.

O preâmbulo da Convenção apresenta algumas pistas da importância dos tratados para a manutenção da paz e da cooperação. Junto com as demais fontes do Direito Internacional, os tratados ajudam a clarificar e dar previsibilidade às relações internacionais, na medida em que definem e aplicam as regras do Sistema Internacional. Mas o que é, afinal, o Sistema Internacional?

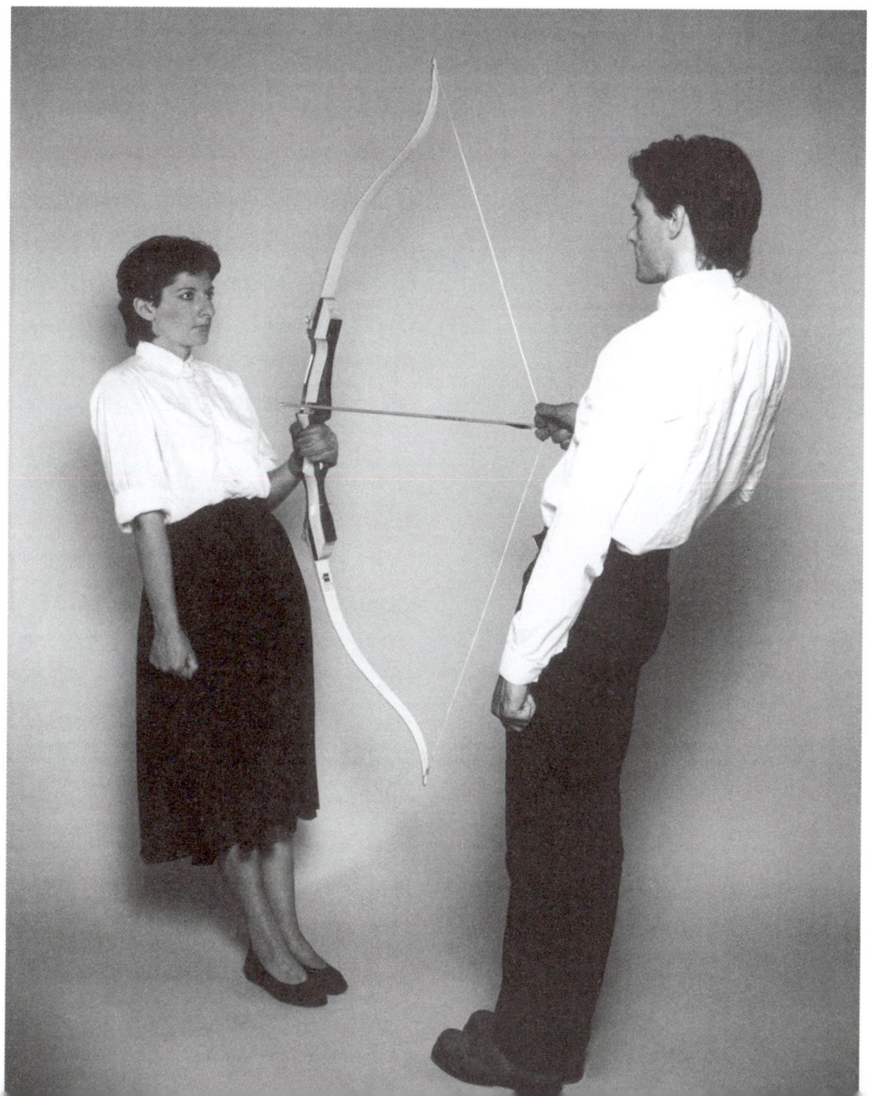

▶ *Rest Energy* (Amsterdã, 1980) é uma *performance* de apenas 4 minutos realizada pela artista multimídia sérvia Marina Abramović com seu então companheiro, o artista alemão Frank Uwe Laysiepen (Ulay). Nela, os artistas utilizavam o peso de seus corpos para equilibrar uma flecha sobre um arco, apontada para o coração da *performer*. Ambos usavam microfones no peito que amplificavam o som dos batimentos cardíacos, acelerados com a tensão da situação. *Rest Energy* é uma obra que fala, fundamentalmente, de confiança.

Sistema Internacional?

Quando falamos em Sistema Internacional (SI), estamos nos referindo a um conjunto de unidades políticas (Estados) que interagem entre si. Como esses Estados são, por definição, soberanos, não estão sujeitos a nenhum outro órgão hierarquicamente superior (supranacional), razão pela qual se convencionou chamar o SI de anárquico. Mas se o Sistema Internacional é anárquico, como é possível que os Estados consigam não só se relacionar mas também manter relações relativamente harmônicas ao longo do tempo?

É importante não confundir anarquia com caos. Embora os países sejam independentes entre si, eles buscam, por meio das relações internacionais, afirmar e expandir seus respectivos poderes, de modo a garantir sua sobrevivência, preservando seu governo, sua população e seu território e aumentando seu poder relativo perante os demais países.

A essa busca constante por equilíbrio dá-se o nome de balanço de poder. A partir dessa dinâmica, é possível extrair alguns pressupostos sobre como as diferentes unidades políticas se comportam perante as demais; afinal, cada Estado define seus próprios cálculos estratégicos em razão de como esperam que os outros atores no cenário internacional reajam ao seu comportamento, caracterizando uma racionalidade no processo de tomada de decisão.

Mas o que dita essa racionalidade? Ou seja, o que os Estados levam em consideração no momento de estabelecer seus cálculos para tomar decisões estratégicas?

▲ *O circo*, 1922-1940, do artista russo Marc Chagall, atualmente parte do acervo do Museu Nacional de Marc Chagall em Nice, França. A obra é inspirada no fascínio do mundo infantil pela atmosfera do circo. A representação vibrante de personagens populares, como acrobatas voadores e bailarinas, transmite uma atmosfera de cor e caos, mas também de equilíbrio e harmonia.

FOTO: FREDERIC SOREAU/AGEFOTOSTOCK/ ALAMY/FOTOARENA

▶ Alexander Calder, *Vertical Foliage*, 1941, Sheet metal, wire, and paint, 53 1/2" × 66". Os móbiles do americano Alexander Calder, um dos mais importantes escultores do século XX, ilustram bem uma noção de equilíbrio assimétrico e dinâmico. O móbile da foto fez parte da exposição Calder-Picasso, na cidade de Málaga, Espanha, inaugurada em 23 de setembro de 2019.

FOTO CORTESIA DE CALDER FOUNDATION, NEW YORK / ART RESOURCE, NEW YORK

Paradigmas de Relações Internacionais: Como você enxerga o mundo?

Embora o Sistema Internacional moderno date de 1648, o campo das Relações Internacionais tornou-se objeto de estudo acadêmico apenas em 1919, com a criação da primeira cadeira de Relações Internacionais na Universidade de Gales (Reino Unido). Desde então, a principal missão dos profissionais da área é entender as causas das guerras e como preveni-las, debruçando-se, para isso, sobre a análise dos Estados e seus comportamentos.

Por se tratar de um campo de estudo recente e multidisciplinar, é possível afirmar que a área das Relações Internacionais continua em processo de construção, que é marcado por grandes debates teóricos que confrontam diferentes explicações para o comportamento dos Estados.

▶ *Guerra e Paz* (Portinari, 1952-1956): os dois gigantescos painéis (14 m × 10 m), produzidos pelo artista brasileiro e doados às Nações Unidas em 1956, retratam, lado a lado, cenas de guerra e paz, marcadas respectivamente por tristeza e desamparo e por alegria e aconchego. A intenção do artista era retratar a situação de violência e sofrimento recorrente na história da humanidade, e sua presença na sede da ONU reitera a missão primordial da organização e de todas as delegações nacionais que lá se reúnem.

Essas teorias de Relações Internacionais dividem-se em algumas grandes correntes, chamadas de paradigmas. Nos estudos da área, há três paradigmas clássicos: Realismo, Pluralismo e Globalismo.

A seguir, veja as principais premissas de cada um desses paradigmas.

Realismo

- Os Estados são a unidade básica de análise de Relações Internacionais: sob essa premissa, entende-se que os atores não estatais – como organismos internacionais, empresas, organizações sociais etc. – exercem influência menor ou secundária sobre as relações internacionais.
- Os Estados são atores unitários: por mais que possa haver divergências internas quanto à condução da política e economia, internacionalmente, os Estados comportam-se de maneira unitária, com pautas e argumentos únicos.
- Os Estados são racionais: o comportamento dos Estados é orientado pela busca por autopreservação e aumento de poder relativo diante dos demais atores do Sistema Internacional.
- Os temas tratados dentro das Relações Internacionais seguem uma hierarquia: para as teorias realistas, dentro da ordem de prioridades dos Estados, estão a segurança nacional, a questão econômica e, por fim, os assuntos sociais.

Pluralismo

- Atores não estatais são importantes nas Relações Internacionais: têm agendas próprias e capacidade de influenciar Estados.
- O Estado não é um ator unitário: diferentemente das teorias realistas, os pluralistas acreditam que a pauta internacional dos Estados é resultado da combinação de inúmeros processos e agendas internos mobilizados por estruturas burocráticas, grupos de interesses e até mesmo indivíduos.
- A agenda das Relações Internacionais é extensa e não há necessariamente hierarquia entre os temas: a questão econômica ou ambiental, por exemplo, é tão importante quanto a pauta securitária de um país.

Globalismo

- A estrutura internacional ganha ênfase: os globalistas acreditam que a análise do comportamento dos Estados deve levar em consideração o contexto sistêmico, ou seja, os aspectos internacionais que podem influenciar ou determinar o comportamento dos atores.

- As relações internacionais seguem uma visão histórica: os globalistas também acreditam que a análise das relações internacionais depende de uma compreensão histórica sobre como se desenhou e evolui a estrutura internacional.
- Os mecanismos de dominação ganham foco: ênfase nas relações de dominação e poder entre Estados, classes e elites.
- A economia possui importância fundamental: os globalistas percebem, nas questões econômicas, o principal elemento de controle e dominação entre Estados e outros agentes, sendo esse elemento a pauta central orientadora do papel dos Estados no Sistema Internacional.

Cada um desses paradigmas apresenta um conjunto de parâmetros para orientar na análise de cenários e acontecimentos internacionais. Esses critérios são detalhados em teorias e ilustrados em modelos ensinados a estudantes de Relações Internacionais. Se quiser conhecer mais sobre esses temas, consulte a lista de referências ao final do capítulo.

* Realizar uma análise política internacional é um trabalho complexo, que envolve amplo conhecimento dos atores, da agenda e do contexto internacional. Você pode aprender mais sobre como construir uma análise internacional a partir da leitura de artigos de profissionais da área. Um bom lugar para buscar essas referências são os cadernos internacionais dos jornais tradicionais ou as revistas especializadas no tema. Com a ajuda dos colegas, pesquise uma notícia ou reportagem nessas fontes de notícia e procure, nessa leitura, respostas para as questões listadas a seguir:

- Quem são os personagens descritos no texto (podem ser Estados, chefes de governo, agências estatais, organismos internacionais, grupos terroristas etc.)?
- Qual é a situação ou o problema descrito?
- A matéria apresenta alguma contextualização histórica? Qual?
- Há alguma informação ou análise sobre possíveis desfechos?
- A partir dessas informações organizadas, você pode formular uma hipótese que justifique o fato noticiado?
- Essa hipótese se assemelha a algum dos paradigmas apresentados anteriormente?

Regimes Internacionais: negociando nossa convivência

Até o momento, falamos sobre a busca por equilíbrio no Sistema Internacional em oposição ao conflito (guerra). No entanto, dentro da noção de equilíbrio, teóricos de Relações Internacionais trabalham outra separação, conceitual, entre o que seria uma situação de harmonia e uma situação de cooperação entre os Estados. Você pode imaginar a diferença?

Em linhas gerais, a harmonia seria obtida quando os interesses dos Estados não concorrem entre si e, mais ainda, quando os objetivos deles são complementares, gerando uma situação de ganha-ganha. Um bom exemplo de situação harmônica seria, hipoteticamente, o livre-comércio: o país A compra algo de que necessita, o país B é remunerado pelo que comercializa. Ambos ganham algo com a troca, beneficiando-se mutuamente.

Direito Internacional Público (DIP)

O DIP codifica a comunicação e a interação entre Estados, ou seja, define princípios e regras básicas de funcionamento do Sistema Internacional, contribuindo para relações mais estáveis e diplomáticas entre os países. Quando dois ou mais Estados soberanos ou organismos internacionais têm interesses convergentes sobre um tema, eles podem celebrar um tratado – bilateral ou multilateral –, que formaliza um acordo entre as partes sobre determinado tema. Existem regras sobre o que pode ser negociado, e de que maneira, durante o processo de celebração de um tratado. Essas regras são definidas pela Convenção de Viena sobre o Direito dos Tratados, de 1969, apelidada de o "Tratado dos Tratados".

Já uma situação de cooperação, por outro lado, também pressupõe que, ao final, ambas as partes sejam ou sintam-se beneficiadas. Porém, ao contrário de uma situação harmônica, esse resultado é consequência direta de um processo de negociação e barganha, ou seja, não ocorre de maneira automática ou natural. Essa é, como se pode imaginar, uma situação muito mais frequente no mundo real, e representantes dos governos precisam se sentar à mesa para negociar com outros atores a definição de regras, procedimentos e limites da sua atuação no cenário internacional. Note que a cooperação não está isenta de conflitos. Pelo contrário, os conflitos são inerentes ao processo de negociação, mas o sucesso do processo depende justamente da superação de obstáculos, construção de consensos e coordenação de políticas através do diálogo.

Em um mundo em que os países têm tamanhos e poderes distintos, você poderia se perguntar como é possível que os países cooperem e não tentem impor uns aos outros suas próprias vontades. Esse fator das diferenças de poder relativo estará sempre presente e deve ser levado em conta em toda análise de cooperação. Pelo princípio da soberania, nenhum país pode ser forçado a negociar. Porém, ao se fechar para os demais atores, ele se isolará do Sistema Internacional, o que dificulta sua sustentabilidade política, econômica e social no mundo globalizado e cada vez mais conectado.

Essas coordenações de políticas resultam em regimes internacionais, que são conjuntos de princípios explícitos ou implícitos, regras, normas, planos e compromissos firmados entre os Estados a fim de organizar expectativas, esforços e tomadas de decisão sobre temas de importância internacional.

Resumidamente, a ideia é que os regimes internacionais possam promover a cooperação internacional, sendo eles próprios resultado dessa cooperação.

A essa altura, você já pode imaginar que muitos dos assuntos que estudamos neste livro são pautas de regimes internacionais, baseados em princípios, regulados por tratados e resguardados por organismos internacionais e agências especializadas criados especificamente para esse fim. A seguir, temos alguns exemplos.

- Regime Internacional do Meio Ambiente, que tem como principais instrumentos a Convenção-Quadro das Nações Unidas sobre as Mudanças Climáticas, o Protocolo de Quioto e, mais recentemente, o Acordo de Paris.
- Regime Internacional do Comércio, que é regulado pela Organização Mundial do Comércio (OMC, 1994) e tem como princípios a não discriminação, a previsibilidade, a concorrência leal, a proibição de restrições quantitativas, o tratamento especial e diferenciado para países em desenvolvimento.
- Regime Internacional do Trabalho, regulado pela Organização Internacional do Trabalho (OIT, 1919), entidade orientada para a busca da justiça social através da garantia de condições dignas de trabalho, como a remuneração igual por trabalho de igual valor, liberdade de associação (sindicatos), o direito de negociação coletiva, a eliminação de todas as formas de trabalho forçado, abolição do trabalho infantil e extinção de qualquer forma de discriminação no emprego.

▶ Segundo a Convenção Internacional para a Proteção de Todas as Pessoas contra o Desaparecimento Forçado (concluída em 2006, aprovada pelo Congresso Nacional em 2010 e promulgada por Decreto Presidencial em 2016), "entende-se por 'desaparecimento forçado' a prisão, a detenção, o sequestro ou qualquer outra forma de privação de liberdade que seja perpetrada por agentes do Estado ou por pessoas ou grupos de pessoas agindo com a autorização, apoio ou aquiescência do Estado, e a subsequente recusa em admitir a privação de liberdade ou a ocultação do destino ou do paradeiro da pessoa desaparecida, privando-a assim da proteção da lei". O crime de desaparecimento forçado ganhou visibilidade na América Latina durante os anos 1970 e 1980, em um contexto de ditaduras militares e ampla violação de Direitos Humanos. Ainda assim, depois de mais de 30 anos, o problema está longe de ser superado. Triste lembrete disso foi o caso do desaparecimento de Amarildo Dias de Sousa, em 14 de julho de 2013. Amarildo desapareceu após ser detido por policiais militares próximo à sua casa, na favela da Rocinha (RJ), e conduzido em direção a uma Unidade de Polícia Pacificadora. O artista visual Cildo Meireles criou o carimbo Cadê Amarildo? como forma de protesto.

(C) CILDO MEREILES/TATE. FOTO: PAT KILGORE

No caso dos Direitos Humanos, a situação é um pouco mais complexa, dado que não existe apenas um mas vários Regimes Internacionais de Direitos Humanos. Há, por exemplo, o Regime Universal, inscrito na Organização das Nações Unidas, cujos principais documentos incluem a Carta da ONU, a Declaração Universal dos Direitos Humanos (DUDH) e todos os acordos e convenções de abrangência internacional que versam sobre questões relativas aos Diretos Humanos, como o Pacto Internacional de Direitos Civis e Políticos, a Convenção sobre os Direitos da Criança e a Convenção Internacional para a Proteção de todas as Pessoas contra os Desaparecimentos Forçados.

Há ainda o Regime Interamericano, regido pela Organização dos Estados Americanos (OEA), e tratados regionais sobre o tema (como a Declaração Americana de Direitos e Deveres do Homem e a Convenção Interamericana para Prevenir e Punir a Tortura); o Regime Europeu, coordenado pelo Conselho da Europa e seus instrumentos legais (como o Convênio Europeu para a proteção dos Direitos Humanos e Liberdades Fundamentais e seus 14 protocolos); e o Regime Africano, regido pela União Africana, suas cartas e protocolos.

Na seção anterior, você foi incentivado a realizar uma análise sobre um episódio internacional e, em seguida, comparar a sua interpretação a um dos três paradigmas apresentados. A ideia era tentar identificar qual é a sua visão preponderante sobre os fatos. Ao reler os critérios que fundamentam cada paradigma – Realismo, Pluralismo e Globalismo –, você notará que um dá menos importância à mobilização social do que os outros dois no que tange ao poder de influência e transformação política internacional.

Em cada estudo de caso deste livro, buscamos trazer exemplos de jovens – e não tão jovens – ativistas que agiram e seguem atuando pela promoção dos Direitos Humanos das mais variadas formas. Vimos o impacto gerado por esses atores em suas comunidades e até sobre pessoas em outras partes do mundo. Mas será que esses ativistas têm o poder de mudar atitudes de governos?

▶ Intervenção cênica urbana *Interditados*, criada em parceria com alunos da ocupação estudantil da Escola Estadual Maria José, São Paulo (SP), em 2017. A ação ocorreu na esteira dos protestos de 2016, quando estudantes secundaristas se mobilizaram nacionalmente – ocupando mais de 1 000 escolas em 22 estados – contra a PEC 241/55, que, sob o argumento de equilíbrio das contas públicas e controle fiscal, propunha limitar o aumento dos gastos públicos à variação da inflação por um período de 20 anos, implicando o congelamento dos níveis de investimento público em educação no Brasil.
LEANDRO BRASILIO/FOTO: BRUNO SANTOS/FOLHAPRESS

- Em grupo, pesquisem na internet convenções ou tratados regionais sobre direitos humanos ligados à OEA (Américas), CE (Europa) e UA (África). Atenham-se principalmente ao preâmbulo ou aos artigos iniciais de cada documento. Vocês conseguem identificar os princípios norteadores de cada um desses regimes? Que tal compará-los com o Regime Internacional de Direitos Humanos, organizando as informações colhidas em uma tabela? Para isso, vocês podem utilizar a própria DUDH como referência.
- Essa pesquisa pode servir de base para uma discussão em sala sobre a universalidade dos Direitos Humanos ou, por outro lado, sobre princípios específicos definidos pelos blocos regionais.

Yes, we can! – Movimentos da sociedade civil organizada e causas

A seguir, é apresentada uma seleção de ONGs, institutos e outros movimentos que surgiram pela iniciativa de indivíduos e grupos da sociedade civil e que hoje geram impacto internacional na definição de estratégias, formulação de políticas e no monitoramento de agentes estatais ou não estatais.

▶ O diretor executivo da Human Rights Watch, Kenneth Roth, discursa durante conferência de imprensa na sede das Nações Unidas, em Nova York, por ocasião do lançamento do Relatório Mundial 2020 (14/1/2020).
SCOTT HEINS/GETTY IMAGES

HUMAN RIGHTS WATCH (1978)

Organização sem fins lucrativos, não governamental, de caráter internacional e orientada para a defesa dos Direitos Humanos, a Human Rights Watch (HRW) é conhecida por promover investigações aprofundadas e imparciais sobre violações de direitos humanos, fundamentais no processo de sensibilização e conscientização da opinião pública internacional e de autoridades sobre casos concretos de violação. Por meio de seu trabalho investigativo e analítico, conduzido por mais de 400 colaboradores de diversas nacionalidades, a HRW atua diretamente na interlocução com agências públicas e organizações internacionais, no sentido de propor reformas legais e políticas públicas voltadas à promoção e ampliação dos direitos humanos.

ANISTIA INTERNACIONAL

A Anistia Internacional é um movimento global com milhões de colaboradores, distribuídos em mais de 150 países. Seu principal compromisso é com a promoção dos Direitos Humanos e defesa da justiça, dos princípios da igualdade e da liberdade.

REPÓRTERES SEM FRONTEIRAS

É uma organização não governamental, independente, voltada à defesa de acesso à informação e do jornalismo independente, entendidos como pilares fundamentais para a garantia da liberdade de expressão e da própria democracia. Foi fundada em 1985, tem escritórios em dez cidades ao redor do mundo (incluindo o Rio de Janeiro) e conta com colaboradores em 130 países. Uma evidência de sua credibilidade é o fato de a ONG possuir *status* consultivo na Organização das Nações Unidas (ONU), na Unesco, no Conselho da Europa e na Organização Internacional da Francofonia (OIF). A Repórteres sem Fronteiras também promove ações para pressionar que se investigue e puna os responsáveis por assassinatos e pela violência crônica contra a classe jornalística.

CONECTAS

A Conectas é uma ONG brasileira fundada em 2001 por profissionais e acadêmicos comprometidos com a preservação e promoção dos Direitos Humanos no Sul Global por meio de ações de advocacia estratégica e monitoramento de políticas públicas em nível nacional e internacional. Desde 2006, a Conectas tem *status* consultivo na Organização das Nações Unidas (ONU) e, desde 2009, dispõe de *status* de observador na Comissão Africana de Direitos Humanos e dos Povos. A organização participa também de conselhos da sociedade civil que monitoram a aplicação de políticas públicas de Direitos Humanos, como o Conselho Nacional de Direitos Humanos, o Comitê Nacional de Prevenção e combate à Tortura e a Comissão Municipal de Erradicação do Trabalho Escravo.

Durante mais de dois anos, a organização atuou, em conjunto com outras instituições sociais voltadas ao acolhimento de migrantes e refugiados, em diálogo com parlamentares e ativistas para garantir a aprovação da Nova Lei de Migração (Lei nº 13 445, de 2017).

◀ Ato organizado pela Anistia Internacional para protestar contra o projeto de lei de "Segurança Global", promovido pelo presidente francês Macron, e em defesa de mais recursos para o sistema público de saúde e hospitais na França.
ALAIN PITTON/NURPHOTO/AFP

* Há milhares de organizações como a Conectas atuando em prol de causas sociais e ambientais. Pesquise exemplos de instituições que atuem de maneira semelhante em outros campos. Se você se interessa pela questão climática, pode pesquisar mais sobre o movimento Fridays for Future (Greve pelo Clima) ou sobre o Greenpeace. Agora, se o interesse mais específico for na preservação das florestas, vocês podem procurar saber mais sobre a WWF e a S.O.S Mata Atlântica e assim por diante.

Você, diplomata — Simulando o ambiente diplomático e exercitando a capacidade de negociação

Provavelmente você já ouviu falar — ou até mesmo já jogou — RPG, um tipo de jogo no qual cada participante deve reagir a ações e situações propostas a partir da identidade de um personagem específico, com comportamentos bem definidos. O RPG simula situações nas quais podemos experimentar "calçar os sapatos" de um personagem, geralmente com história e perfil muito distintos do nosso.

Todos os anos, mais de 400 mil estudantes ao redor do mundo participam de modelos de organismos internacionais (simulações da ONU), em uma lógica relativamente parecida com a do RPG. Há basicamente dois tipos de simulação, as históricas e as fictícias. Nas simulações históricas, cada participante representa o papel de um personagem histórico real, devendo manter suas decisões, seu ponto de vista e posicionamento político manifestado naquela situação específica. Já nas fictícias, simulam-se foros internacionais, e cada participante representa a delegação de um país. Nesse caso, é preciso que se conheça bem a política externa do país em questão, para garantir coerência e plausibilidade ao jogo, mas também há uma oportunidade maior de experimentar estratégias de manobra diante dos desafios propostos.

No Brasil, há diversas universidades e escolas que realizam esse tipo de encontro anualmente. Você já tinha ouvido falar desses modelos de simulação? Que tal organizar com seus colegas um modelo de simulação na sua escola?

Os temas dos Direitos Humanos são assuntos discutidos em conselhos e comissões de vários organismos internacionais e até mesmo outros foros multilaterais que não pertencem ao Sistema ONU, como o Parlamento Europeu e a OEA.

▲ Todos os anos, ocorrem eventos acadêmicos de simulação de organismos das Nações Unidas e de outras organizações internacionais. Esses eventos, que costumam durar vários dias, são realizados com a participação de estudantes do Ensino Médio ou universitários, que se organizam e exercem variados papéis, como secretário-geral, diretor de comitê, assistente e embaixador na ONU.
RICHARD GRAY/ALAMY/FOTOARENA

A partir do tema escolhido, tentem identificar um desses foros multilaterais nos quais uma discussão pudesse ser conduzida. Por exemplo: vocês podem decidir simular uma discussão sobre a quebra de patentes de vacinas contra a covid-19 na OMS. Alternativamente, caso prefiram realizar uma simulação histórica, podem buscar como referência inicial alguma das convenções internacionais mencionadas até aqui e, com base nela, pesquisar que países participaram de sua negociação e que posições assumiram durante o processo.

A preparação dos organizadores e participantes pode levar vários meses, pois requer planejamento, pesquisa e treino. As simulações em si podem ocorrer durante poucos dias ou no decorrer de uma semana inteira. São decisivos para esse cronograma o número de participantes, o tipo de simulação e o nível de complexidade esperado das discussões, além de questões relativas ao calendário escolar. Caso essa proposta não caiba no planejamento da sua escola, você e seus colegas de sala podem realizar uma ação menor, durante o horário de aula. Em todo caso, precisarão reservar pelo menos duas semanas para a pesquisa.

O número de jogadores é bastante flexível, porque um "diplomata" pode ser assessorado por outros jogadores, desde que assumam o mesmo personagem durante toda a simulação. Lembre-se de que, assim como em uma reunião formal de um organismo internacional, além dos diplomatas dos países participantes, há os integrantes do "cerimonial", relatores e eventualmente uma plateia que, além de assistir, pode avaliar o desempenho dos participantes.

Há simulações organizadas por escolas e faculdades em diversas cidades no Brasil. Pesquise na internet pelas palavras-chave "simulação onu", "mini onu", "MUN" (do inglês *Model United Nations*), para tentar identificar um evento próximo de você e se inspirar.

Atenção

Caso optem por uma simulação histórica, é importante que os personagens históricos sejam estudados para que a postura reproduzida seja o mais fiel possível à realidade. No caso da simulação fictícia, a política externa, o corpo diplomático e os aliados e inimigos históricos de cada país que será representado também precisam ser estudados.

Aprendendo a montar um projeto

APRENDENDO A MONTAR UM PROJETO

Se você e seus colegas pretendem montar uma simulação que envolva outras turmas de sua escola, será uma boa ideia preparar um projeto com a proposta para apresentar para a coordenação ou direção da escola e aos seus colegas. Um projeto é um documento textual composto de introdução, justificativa, objetivos, planejamento e cronograma, podendo conter também outras seções e fotos que contribuam para transmitir maior clareza sobre a ação.

1 INTRODUÇÃO

APRESENTE A PROPOSTA, DESCREVENDO SEU FORMATO E PÚBLICO-ALVO.

Será uma simulação histórica ou temática? A simulação será composta de uma ou várias mesas de discussão? Quem definirá os temas que serão debatidos e quem fará a mediação das discussões? A quem se destina essa atividade?

* Você pode se inspirar na apresentação de simulações conduzidas em outras escolas ou universidades para pensar em como estruturar sua proposta.

2 JUSTIFICATIVA

RELEVÂNCIA DO PROJETO, OBJETIVOS GERAIS E ESPECÍFICOS.

Aqui você pode listar os argumentos que comprovam a relevância da atividade, falando desde aspectos gerais — como a importância de se discutir determinado tema — até expectativas de resultados, como desenvolvimento de competências dos participantes, por exemplo.

* Sua justificativa tem mais chances de ser validada pela instância competente se estiver em alinhamento com os objetivos pedagógicos e o planejamento político-pedagógico de sua escola. Você pode anexar, nessa seção, declarações de professores sobre a relevância da simulação para suas respectivas disciplinas.

3 PLANEJAMENTO DO PROJETO

LISTA DAS ETAPAS DE PRÉ-PRODUÇÃO, PRODUÇÃO E PÓS-PRODUÇÃO DA SIMULAÇÃO, COM A DESCRIÇÃO DO PASSO A PASSO DE CADA ATIVIDADE.

Definição do responsável por cada etapa e lista de materiais e outros insumos (xerox, cartões de identificação, espaço).

4 CRONOGRAMA

ESTIME O TEMPO NECESSÁRIO PARA O CUMPRIMENTO DE CADA ETAPA PARA MELHOR ORGANIZAR O PLANO DE TRABALHO.

Há atividades concomitantes ou sequenciais? Como você pode otimizar o planejamento para garantir que todas as tarefas sejam cumpridas até os prazos estipulados?

SILVANA MARTINS

A autora

ISABEL LORCH ROTH

Meu nome é Isabel e nasci em 1990, em São Paulo, mas atualmente moro no Rio de Janeiro, pertinho da praia. Sou filha de um artista visual e de uma arquiteta que enveredou pelo terceiro setor e hoje trabalha com sustentabilidade e responsabilidade social. Influenciada por eles, passei boa parte da minha adolescência querendo estudar artes plásticas, até que descobri que o que mais me impactava nos meus artistas favoritos era a capacidade que tinham de comunicar, de maneira criativa e instigante, reflexões sociais e posicionamentos políticos. Assim, acabei decidindo estudar Relações Internacionais. Desde então, pesquiso temas relacionados a Direitos Humanos, com foco em violência de Estado e conflitos sociais. Desenvolvi, nos últimos anos, como curadora, projetos culturais e educativos voltados à promoção dos Direitos Humanos, da diversidade e da democracia. Essas ações envolveram mais de 50 mil crianças e adolescentes e centenas de educadores, em sete estados brasileiros. Atualmente, sou gestora cultural e articuladora de parcerias no terceiro setor.

Para escrever este livro, consultei diversas publicações, filmes, catálogos de exposições, *podcasts*, artigos e reportagens e contei com comentários, questionamentos, sugestões e apontamentos de leitores críticos e com o apoio de amigos, que trouxeram *insights* importantes sobre os temas e conexões propostos. Agradeço a todos que contribuíram para o processo de forma direta e indireta. Este material contempla muitas ideias, que só poderiam ser reunidas a partir de um olhar plural sobre Direitos Humanos.

INDICAÇÕES PARA LER, OUVIR E ASSISTIR

ABE, Stephanie Kim. Como o ensino domiciliar afeta a educação inclusiva. **Cenpec**, [*s. l.*], 6 jul. 2021. Disponível em: https://curt.link/tDzZUe. Acesso em: 1 jul. 2022.

A LEI da Água (Novo Código Florestal). Direção: André D'Eli. Brasil: O2 Play Filmes, 2015. Documentário. 1 vídeo (78 min).

ALVES FILHO, Manuel. Em decisão histórica, Unicamp aprova cotas étnico-raciais e Vestibular Indígena. **Jornal da Unicamp**, Campinas, 21 nov. 2017. Disponível em: https://curt.link/ypfdTL. Acesso em: 1 jul. 2022.

ANUÁRIO Brasileiro da Educação Básica 2021. São Paulo: Todos pela Educação: Moderna, [2021].

ARAUJO, Heloisa Helena Diniz de. Corte Internacional de Justiça: o que é e como funciona. **Politize!**, Florianópolis, 26 jan. 2021. Disponível em: https://curt.link/kfvVXY. Acesso em: 30 jun. 2022.

AS MELHORES coisas do mundo. Direção: Laís Bodanzky. Brasil: Gullane Filmes, 2010. 1 vídeo (105 min).

A TERRA É REDONDA: Pintou um climão. [Locução de]: Bernardo Esteves. Brasil: Revista Piauí, abr. 2020. *Podcast*.

BARBOZA, Miriane da Silva Santos. (coord.). **O bullying no contexto escolar**: estratégias de combate e prevenção à luz da psicologia escolar educacional. João Pessoa: [*s. n.*], 2020. Disponível em: https://curt.link/YFAkBRt. Acesso em: 28 jun. 2022.

BOLETIM WAYURI: Projeto de Monitoramento Ambiental e Climático (PMAC). Brasil: Rede Wayurl, 2018. *Podcast*.

CARA PESSOA: Migrar como questão de vida ou morte. [Locução de]: Fernanda Mena. São Paulo: Folha de S.Paulo, 18 dez. 2020. *Podcast*.

COMISSÃO INTERNACIONAL SOBRE O FUTURO DA EDUCAÇÃO. **Reimaginar nossos futuros juntos**: um novo contrato social para a educação. Brasília, DF: Cife, 2022. Disponível em: https://curt.link/kiezog. Acesso em: 1 jul. 2022.

COMO desenvolver escolas inovadoras e sustentáveis? [Florianópolis]: **Politize!**, 29 jun. 2022. 1 vídeo (1h23min). Publicado pelo canal Politize! Disponível em: https://curt.link/KWaDka. Acesso em: 1 jul. 2022.

COMO funciona a estrutura da Organização das Nações Unidas? [São Paulo: *s. n.*], 7 out. 2015. 1 vídeo (30 min). Publicado pelo canal Xadrez Verbal. Disponível em: https://curt.link/WWiuqKM. Acesso em: 30 jun. 2022.

CONCEITOS de RI: Sistema Internacional. [*S. l.*: *s. n.*], 2019. 1 vídeo (ca. 12 min). Publicado pelo canal Em Dupla com Consulta. Disponível em: https://curt.link/pwXLXi. Acesso em: 30 jun. 2022.

CONHEÇA o tratado de paz de 14 pontos proposto por Woodrow Wilson. **Folha de S.Paulo**, São Paulo, 11 nov. 2008. Disponível em: https://curt.link/aYTySvx. Acesso em: 30 jun. 2022.

COPIÔ, PARENTE!: Amazônia, Centro do Mundo. [Locução de]: Ester Cezar e Cristian Wariu. Brasil: Instituto Socioambiental, nov. 2019. *Podcast*.

DIREITO sem fronteiras: Os curdos e a luta pelo Estado do Curdistão. Brasília, DF: TV Justiça, 26 ago. 2019. 1 vídeo (ca. 27 min). Publicado pelo Canal TV Justiça. Disponível em: https://curt.link/IzAFvV. Acesso em: 30 jun. 2022.

DUAS Catalunhas. Direção: Alvaro Longoria e Gerardo Olivares. Estados Unidos: Netflix, 2018. Documentário. 1 vídeo (116 min).

EDUCAÇÃO para imigrantes e refugiados | Bem viver. [*S. l.*: *s. n.*], 15 maio 2022. 1 vídeo (5 min). Publicado pelo canal Rede TVT. Disponível em: https://curt.link/ansvxK. Acesso em: 1 jul. 2022.

ENTRE Muros. Direção: Laurent Cantet. Paris: Imovision, 2008. 1 vídeo (128 min).

FLEE – A fuga. Direção: Jonas Poher Rasmussen. Estados Unidos: Neon: Participant, 2021. 1 vídeo (90 min).

FOGO no mar. Direção: Gianfranco Rosi. Itália: Stemal Entertainment: 21Uno Film: Rai Cinema: Instituto Luce; França: Les Films d'Ici: Arte France Cinéma, 2016. 1 vídeo (106 min).

GOOGLE ARTS & CULTURE. Google: Mountain View, c2022. Exposição *on-line* do acervo do Museu Nacional. Disponível em: https://artsandculture.google.com/partner/museu-nacional-ufrj. Acesso em: 5 jul. 2022.

HERBERT MIGUEL. Nações sem Estado. [*S. l.*: *s. n.*], 2 fev. 2020. 1 vídeo (ca. 12 min). Disponível em: https://curt.link/VoZIOl. Acesso em: 30 jun. 2022.

LIXO extraordinário. Direção: Lucy Walker. Reino Unido: Almega Projects; Brasil: O2 Filmes, 2011. Documentário. 1 vídeo (99 min).

MAATHAI, Wangari. **Inabalável**: memórias. Rio de Janeiro: Nova Fronteira, 2007.

MAMILOS: Paquera ou assédio. [Locução de]: Juliana Wallauer e Cris Bartis. Brasil: Maíra Teixeira, 2 mar. 2019. *Podcast*.

NAÇÕES UNIDAS BRASIL. **A Carta das Nações Unidas**. Brasília, DF: ONU, 16 set. 2007. Disponível em: https://curt.link/jFhbwr. Acesso em: 30 jun. 2022.

NAÇÕES UNIDAS BRASIL. **Sobre o nosso trabalho para alcançar os Objetivos de Desenvolvimento Sustentável no Brasil**. Brasília, DF: ONU, c2022. Disponível em: https://brasil.un.org/pt-br/sdgs. Acesso em: 30 jun. 2022.

NAÇÕES UNIDAS. Relatório do Ipcc prova "o fracasso da liderança global sobre o clima". **ONU News**, [*s. l.*], 28 fev. 2022. Disponível em: https://curt.link/Gzovhm. Acesso em: 30 jun. 2022.

O POVO brasileiro. Direção: Isa Grinspum Ferraz. Brasil: TV Cultura: GNT: Fundar, 2000. 1 vídeo (280 min).

O QUE você não sabia sobre a água – Antônio Donato. [*S. l.*: *s. n.*], 3 abr. 2019. 1 vídeo (ca. 21 min). Publicado pelo canal Seminário Fruto. Disponível em: https://curt.link/quRUly. Acesso em: 1 jul. 2022.

PAGANELLI, Raquel. Na Educação Inclusiva, a pessoa vem antes da deficiência. **Diversa**, [*s. l.*], 23 nov. 2018. Disponível em: https://curt.link/pcaljz. Acesso em: 1 jul. 2022.

SEREMOS História? Direção: Fisher Stevens. Estados Unidos: National Geographic, 2016. Documentário. 1 vídeo (90 min).

UMA VERDADE Inconveniente. Diretor: Davis Guggenheim. Estados Unidos: Lawrence Bender Productions: Participant Productions, 2006. Documentário. 1 vídeo (118 min).

UNSAFE PASSAGE. Londres: The Guardian, 2021. Documentário. 1 vídeo (ca. 27 min). Disponível em: https://curt.link/MtjNno. Acesso em: 1 jul. 2022.

VESTFÁLIA e a formação do sistema de Estados. [*S. l.*: *s. n.*], 2019. 1 vídeo (ca. 18 min). Publicado pelo canal Em Dupla com Consulta. Disponível em: https://curt.link/kHOiWH. Acesso em: 30 jun. 2022.

VOZES DO PLANETA 147: O protagonismo jovem contra as mudanças climáticas. [Locução de]: Paulina Chamorro. Brasil: Compasso Coolab, 2020. *Podcast*.

YANDÊ. Rio de Janeiro: Yandê, c2013-2021. Rádio *on-line*. Disponível em: https://radioyande.com/. Acesso em: 15 fev. 2022.

REFERÊNCIAS

A HISTÓRIA do Museu Nacional. [São Paulo: *s. n.*], 27 set. 2018. 1 vídeo (ca. 6 min). Publicado pelo canal Lili Schwarcz. Disponível em: https://curt.link/MISDMi. Acesso em: 15 fev. 2022.

ALTARES, Guillermo. Ecocídio, crime contra o planeta, ganha definição jurídica e avança rumo à penalização. **El País**, Madri, 22 jun. 2021. Disponível em: https://curt.link/slwLRA. Acesso em 25 fev. 2022.

AMARAL, Aiko I.; HORN, Philipp; POETS, Desiree. Indigenous urbanisation in Latin America. **Clacs**, Londres, 22 maio 2019.

ANISTIA INTERNACIONAL. [*S. l.*]: AI, c2022. Disponível em: https://anistia.org.br/. Acesso em: 4 mar. 2022.

AS MUDANÇAS climáticas. **WWF**, Brasília, DF, [202-]. Disponível em: https://curt.link/kcWcNn. Acesso em: 2 mar. 2022.

AVELHAN, Lívia Liria. Construção e análise do regime ambiental internacional. **Revista Académica de Relações Internacionais**, [*s. l.*], v. 1, n. 3, p. 37-46, 2013.

BARTLETT, John. A pianista que trocou fama mundial para preservar cultura da Ilha de Páscoa. **BBC News Brasil**, São Paulo, 12 jul. 2021. Disponível em: https://curt.link/mSDomd. Acesso em: 16 fev. 2022.

BBC BRASIL. Quadro de Klimt é vendido por 'preço recorde' em NY. **BBC Brasil**, São Paulo, 19 jun. 2006. Disponível em: https://curt.link/kYcmhq. Acesso em: 15 fev. 2022.

BBC NEWS. Greta Thunberg, a adolescente sueca que está sacudindo a luta ambiental. **BBC News Brasil**, São Paulo, 23 abr. 2019. Disponível em: https://curt.link/KyVXXE. Acesso em: 2 mar. 2022.

BBC NEWS. Museu Nacional: Em 10 anos, fogo dizima ao menos 8 prédios com tesouros culturais e científicos do país. **BBC News Brasil**, São Paulo, 3 set. 2018. Disponível em: https://curt.link/NHULrO. Acesso em: 15 fev. 2022.

BBC NEWS. Os chocantes relatos sobre internatos onde morreram 6 mil crianças indígenas no Canadá. **BBC News Brasil**, São Paulo, 7 jun. 2021. Disponível em: https://curt.link/wPNcNB. Acesso em: 16 fev. 2022.

BBC NEWS. Quem são os curdos e por que são atacados pela Turquia. **BBC News Brasil**, São Paulo, 12 out. 2019. Disponível em: https://curt.link/QXVKiY. Acesso em: 4 mar. 2022.

BESSA, Indiara. Professora do Amazonas luta pela Educação Indígena. **Nova Escola**, São Paulo, 26 mar. 2019. Disponível em: https://novaescola.org.br/conteudo/16445/professora-do-amazonas-luta-pela-educacao-indigena. Acesso em: 15 fev. 2022.

BRASIL. [Constituição (1988)]. **Constituição da República Federativa do Brasil de 1988**. Brasília, DF: Presidência da República, [2016].

BRASIL. **Lei nº 13.005/2014, de 25 de junho de 2014**. Aprova o Plano Nacional de Educação (PNE) e dá outras providências. Brasília, DF: Presidência da República, 26 jun. 2014.

BRASIL. Ministério da Economia. **Princípios**. Brasília, DF: ME, 18 mar. 2016. Disponível em: https://curt.link/bDoUxx. Acesso em: 4 mar. 2022.

BRASIL. Ministério da Educação. Secretaria de Articulação com os Sistemas de Ensino (MEC/SASE). **Planejando a próxima década**: conhecendo as 20 metas do Plano Nacional de Educação. Brasília, DF: MEC, 2014.

BRÔ MCs - Terra vermelha (ao vivo). [*S. l.*: *s. n.*], 5 out. 2012. 1 vídeo (ca. 5 min). Publicado pelo canal Câmara Ligada. Disponível em: https://curt.link/BeAhEn. Acesso em: 18 jul. 2022.

CAETANO, Dany. Wangari Maathai, a mulher que ousou plantar árvores. **Fala Frida**, [*s. l.*], 13 mar. 2020. Disponível em: https://curt.link/ZgvwRV. Acesso em: 2 mar. 2022.

CAMPANHA NACIONAL PELO DIREITO À EDUCAÇÃO. **Plano Nacional de Educação**: 5 anos de descumprimento – Análise da execução dos artigos, metas e estratégias da Lei 13.005/2014. São Paulo: CNPDE, 2019.

CHADE, Jamil. Exclusivo: mudanças no clima jogarão 132 milhões na pobreza até 2030. **UOL**, São Paulo, 8 nov. 2021. Disponível em: https://curt.link/SYKxnP. Acesso em: 2 mar. 2022.

CONECTAS. [*S. l.*]: Conectas, c2022. Disponível em: https://www.conectas.org/. Acesso em 4 mar. 2022.

CONGRESSIONAL RESEARCH SERVICE. **Indigenous people in Latin American**. Washington, DC: CRS, 18 dez. 2021. Disponível em: https://sgp.fas.org/crs/row/R46225.pdf. Acesso em: 15 fev. 2022.

DAILY MAIL REPORTER. Melting men: Thousand ice sculptures left to thaw in the sun to highlight climate change in Arctic. **Daily Mail**, Londres, 3 set. 2009. Disponível em: https://curt.link/QBwBfZ. Acesso em: 2 mar. 2022.

DIAMOND, Jared. **Colapso**: como as sociedades escolhem o fracasso ou o sucesso. Tradução: Alexandre Raposo. 5. ed. Rio de Janeiro: Editora Record, 2007.

DIEGUEZ, Consuelo. Vítimas de Mariana cobram R$ 25 bi de mineradora BHP na Inglaterra. **Piauí**, São Paulo, 13 set. 2019. Disponível em: https://curt.link/eyRVoc. Acesso em: 2 mar. 2022.

DW. Incêndios dizimam população de coalas na Austrália. **DW**, [Bonn], 18 fev. 2020. Disponível em: https://noticias.ambientebrasil.com.br/

clipping/2020/02/19/157140-incendios-dizimam-populacao-de-coalas-na-australia.html. Acesso em: 2 mar. 2022.

FELLET, João. "Dia do Índio": estudo revela 305 etnias e 274 línguas entre povos indígenas do Brasil. **BBC News Brasil**, Washington, DC, 3 jul. 2016. Disponível em: https://curt.link/TcHahj. Acesso em: 15 fev. 2022.

FREIRE, Paulo. **Pedagogia da autonomia**: saberes necessários à prática educativa. São Paulo: Paz e Terra, 2004.

FREIRE, Paulo. **Pedagogia do oprimido**. São Paulo: Paz e Terra, 1974.

G1. ONU premia mulher inuit por sua luta contra mudança climática. **G1**, São Paulo, 20 jun. 2007. Disponível em: https://curt.link/yPMXSf. Acesso em: 2 mar. 2022.

GIFE: Série educação já. [*S. l.*]: Gife, 2019. *Podcast*. Disponível em: https://curt.link/jeFlxj. Acesso em: 11 mar. 2022.

GOMES, Ana Lúcia de Abreu; LOPES Maria Margaret. O processo de tombamento da primeira sede do Museu Nacional na atual Praça da República - Rio de Janeiro. **Tempo**, Niterói, v. 25, n. 3, set./dez. 2019.

GOMES, Tamiris. Débora Seabra, a primeira professora com síndrome de Down do país. **Catraca Livre**, [*s. l.*], 12 dez. 2019. Disponível em: https://curt.link/Rjsazm. Acesso em: 16 fev. 2022.

GOMES DA COSTA, Antônio Carlos. **Protagonismo juvenil**: adolescência, educação e participação democrática. Salvador: Fundação Odebrecht, 2000.

GONZALEZ, Amélia. Filme conta a história do menino africano que descobriu o vento e ajuda a refletir sobre nossas atitudes. **G1**, São Paulo, 11 mar. 2019. Disponível em: https://curt.link/NvtCir. Acesso em: 2 mar. 2022.

HUMAN RIGHTS WATCH. Nova York: HRW, c2022. Disponível em: https://www.hrw.org/pt. Acesso em: 4 mar. 2022.

IBGE. **Censo 2010**: população indígena é de 896,9 mil, tem 305 etnias e fala 274 idiomas. Rio de Janeiro: IBGE, 2012.

INSTITUTE FOR ECONOMICS AND PEACE. [Nova York]: IEP, c2022. Disponível em: https://curt.link/kakfql. Acesso em: 18 mar. 2022.

INTERGOVERNMENTAL PANEL ON CLIMATE CHANGE. **Special Report on Climate Change and Land**. Genebra: IPCC, 2019. Disponível em: https://curt.link/GNKAIR. Acesso em: 2 mar. 2022.

INTERNATIONAL ORGANIZATION FOR MIGRATION. **Return and Reintegration Key Highlights 2020**. Genebra: IOM, 2021.

IPHAN. Brasília, DF: Iphan. c2014. Disponível em: http://portal.iphan.gov.br/. Acesso em: 15 jul. 2022.

JUNG, Carlos Fernando. **Metodologia científica e tecnológica** – Módulo 2 – Hipótese, Modelo, Achado, Teoria e Lei. [*S. l.*: *s. n*], 2009. Disponível em: https://curt.link/rcFdCl. Acesso em: 16 mar. 2022.

KALIL, Agnes. Entenda o que é a Organização Internacional do Trabalho e como ela influencia a legislação brasileira. **Politize!**, Florianópolis, 15 out. 2020. Disponível em: https://curt.link/pgpThb. Acesso em: 4 mar. 2022.

KEOHANE, R. **After hegemony**: cooperation and discord in the world economy. Princeton, NJ: Princeton University Press, 1984.

KING, Jessica. U.S. in first effort to clean up Agent Orange in Vietnam. **CNN World**, [*s. l.*], 10 ago. 2012. Disponível em: https://curt.link/fYuaXK. Acesso em: 25 fev. 2022.

LAMBERTUCCI, Constanza; VARELA, Micaela. México enfrenta missão "quase impossível" de recuperar o cocar de Montezuma e outros tesouros. **El País**, México, 15 out. 2020. Disponível em: https://curt.link/UtNhgR. Acesso em: 15 fev. 2022.

LAZZERI, Thaís. Trabalho escravo, despejos e máscaras a R$0,10: pandemia agrava a exploração de migrantes bolivianos em SP. **Repórter Brasil**, São Paulo, 1 jun. 2020. Disponível em: https://curt.link/okZpRE. Acesso em: 15 mar. 2022.

LEVIN, Kelly. Mudanças climáticas alarmantes: veja 5 grandes resultados do relatório do IPCC. **WRI Brasil**, [*s. l.*], 9 ago. 2021. Disponível em: https://curt.link/LDIYWv. Acesso em: 2 mar. 2022.

MORAIS, Pâmela. Xenofobia no Brasil: o que gera essa intolerância? **Politize!**, Florianópolis, 17 out. 2018. Disponível em: https://curt.link/VZohFt. Acesso em: 15 mar. 2022.

MOREIRA, Matheus; DUCROQUET, Simon. Alta do nível do mar pode afetar mais de 1 milhão de brasileiros. **Folha de S.Paulo**, São Paulo, 30 out. 2019. Disponível em: https://curt.link/GkUFBP. Acesso em: 2 mar. 2022.

MUNHOZ, José Lucio. Tratado de Tordesilhas não foi um exemplo de arbitragem. **Consultor Jurídico**, São Paulo, 30 jun. 2019. Disponível em: https://curt.link/eAnXkz. Acesso em: 4 mar. 2022.

MUÑOZ, Alejandro Anaya. Regimes internacionais de direitos humanos: uma matriz para sua análise e classificação. **Sur. Revista Internacional de Direitos Humanos**, [*s. l.*], v. 14, n. 25, p. 171-188, 2017.

NAÇÕES UNIDAS. **COP26**: 80% dos deslocados por desastres e mudanças climáticas são mulheres. Brasília, DF: ONU, 10 nov. 2021. Disponível em: https://curt.link/pluRCy. Acesso em: 2 mar. 2022.

NEIVA, Leonardo. Tia Dag: 'Para educar, precisa se colocar no lugar do outro, sem discurso moral'. **UOL**, São Paulo, 10 out. 2021. Disponível em: https://curt.link/DNcrlp. Acesso em 15 fev. 2022.

NOVELLI, Vinicius. Meio bilhão de animais foram mortos nos incêndios na Austrália. **Veja**, São Paulo, 2 jan. 2020. Disponível em: https://curt.link/swNUTH. Acesso em: 2 mar. 2022.

O QUE foi a Guerra do Vietnã?. *In*: BRASIL ESCOLA. Goiânia, [20--]. Disponível em: https://curt.link/yKTSxB. Acesso em: 25 fev. 2022.

OCEANA. Governo e indústria dos EUA não aprenderam com o maior vazamento de petróleo do país – E o Brasil? **Oceana**, Brasília, DF, 8 maio 2020. Disponível em: https://curt.link/QybWkE. Acesso em: 2 mar. 2022.

OXFORD LANGUAGES. **Dicionário Online de Português**. São Paulo: Oxford University Press, 2022.

PARREIRAS, Mateus. Reviravolta: atingidos de Mariana reabrem ação de R$ 35 bi na Inglaterra. **Estado de Minas**, Belo Horizonte, 27 jul. 2021. Disponível em: https://curt.link/eosGXi. Acesso em: 2 mar. 2022.

PEC que restringe gastos públicos é aprovada e vai a promulgação. **Senado Notícias**, Brasília, DF, 13 dez. 2016. Disponível em: https://curt.link/fhywSv. Acesso em: 4 mar. 2022.

POCZTARUK, Romy. Red Sand. **Romypocz**, [*s. l.*], 2013. Disponível em: https://curt.link/fBtsma. Acesso em 25 fev. 2022.

PROGRAMA DAS NAÇÕES UNIDAS PARA O DESENVOLVIMENTO. **Desenvolvimento Humano e IDH**. Brasília, DF: PNUD, [20--]. Disponível em: https://curt.link/hfjKOi. Acesso em: 15 fev. 2022.

PROJET DASTAAN. [*S. l.*]: PD, [20--]. Disponível em: https://projectdastaan.org. Acesso em: 15 mar. 2022.

RASMUSSEN, Bruna. Professores inspiradores: como alguns educadores conseguem impactar nossas vidas mais do que podemos imaginar. **Hypeness**, São Paulo, 29 abr. 2015. Disponível em: https://curt.link/dHfGAd. Acesso em: 15 fev. 2022.

RELATÓRIO sobre Desenvolvimento Humano no Brasil. *In*: GOMES DA COSTA, Antônio Carlos (org.). **Protagonismo juvenil**: adolescência, educação e participação democrática. Salvador: Fundação Odebrecht, 2000. p. 50.

REPÓRTERES SEM FRONTEIRAS. Paris: RSF, c2022. Disponível em: https://rsf.org/pt. Acesso em: 4 mar. 2022.

REUTERS. Grécia quer Mármores do Parthenon de volta, diz Tsipras a May. **Exame**, São Paulo, 26 jun. 2018. Disponível em: https://curt.link/FyPtbF. Acesso em: 15 fev. 2022.

RIBEIRO, Darcy. **Os índios e a civilização**: a integração das populações indígenas no Brasil moderno. São Paulo: Global, 2017.

SARFATI, Gilberto. **Teoria das relações internacionais**. São Paulo: Saraiva, 2005.

SOARES, João Pedro. Arco, flecha e celular: os jovens indígenas nas redes. **DW**, [Bonn], 19 abr. 2021. Disponível em: https://curt.link/dcDZff. Acesso em: 15 fev. 2022.

STATE of hope. Mary Robinson: Shared challenges. [*S. l.*: *s. n.*], 2021. 1 vídeo (ca. 20 min). Disponível em: https://curt.link/HVsfDv. Acesso em: 16 mar. 2022.

STOCKHOLM RESILIENCE CENTER. **The nine planetary boundaries**. Estocolmo: SCR, [20--] Disponível em: https://curt.link/kERXpU. Acesso em: 2 mar. 2022.

STROCHLIC, Nina. As "estupas de gelo" que podem irrigar o Himalaia. **National Geographic**, [*s. l.*], 13 jun. 2018. Disponível em: https://curt.link/pcObiC. Acesso em: 2 mar. 2022.

STUART, João Victor. O que são Tratados Internacionais? **Politize!**, Florianópolis, 19 ago. 2019. Disponível em: https://curt.link/QmdUPT. Acesso em: 4 mar. 2022.

UNESCO. Uma convenção pioneira. *In*: UNESCO. Nova York, 12 out. 2020. Disponível em: https://curt.link/fcEFaD. Acesso em: 15 fev. 2022.

VICENTE, Álex. Devolução dos tesouros africanos coloca em alerta os museus etnográficos. **El País**, Paris, 15 dez. 2018. Disponível em: https://curt.link/CKWRDu. Acesso em: 15 fev. 2022.

VICK, Mariana. Como o racismo se conecta à mudança climática. **Nexo Jornal**, São Paulo, 4 nov. 2021. Disponível em: https://curt.link/UxVFQb. Acesso em 2 mar. 2022.

VON RICHTHOFEN, Luisa. O difícil retorno da arte roubada pelos nazistas. **DW**, [Bonn], 4 dez. 2018. Disponível em: https://curt.link/nlRXJY. Acesso em: 15 fev. 2022.

VOZ INDÍGENA. [Locução de]: Cristian Wariu Tseremey'wa. Brasília: Estúdio Ralacoco, fev. 2020. *Podcast*. Disponível em: https://open.spotify.com/episode/3EsCp2XGqXPXarGICVSaBw?si=q3J3bRycT9CWhkLjjl-EhQ&nd=1. Acesso em: 15 fev. 2022.

WALKER, Tamsin. Agente Laranja: o legado fatídico dos EUA no Vietnã. **DW**, [Bonn], 30 abr. 2015. Disponível em: https://curt.link/tbXslW. Acesso em: 25 fev. 2022.

WANGARI MAATHAI FOUNDATION. Wangari Maathai was the first African woman to win a Nobel Peace Prize. **WMF**, [*s. l.*], [20--]. Disponível em: https://wangarimaathai.org/wangaris-story/. Acesso em: 2 mar. 2022.

WARIU, Cristian. Cristian Wariu: Um guerreiro indígena do séc. XXI. [Entrevista cedida a] Dandara Fonseca. **Revista Trip**, [*s. l.*], 17 out. 2020. Disponível em: https://curt.link/tuCKbL. Acesso em: 15 fev. 2022.

Este livro foi composto com a família tipográfica Bw Gradual para a Editora do Brasil em 2022.